歴史文化ライブラリー
288

平城京に暮らす

天平びとの泣き笑い

馬場 基

JN300166

吉川弘文館

目次

役所勤めの日々

生活断章

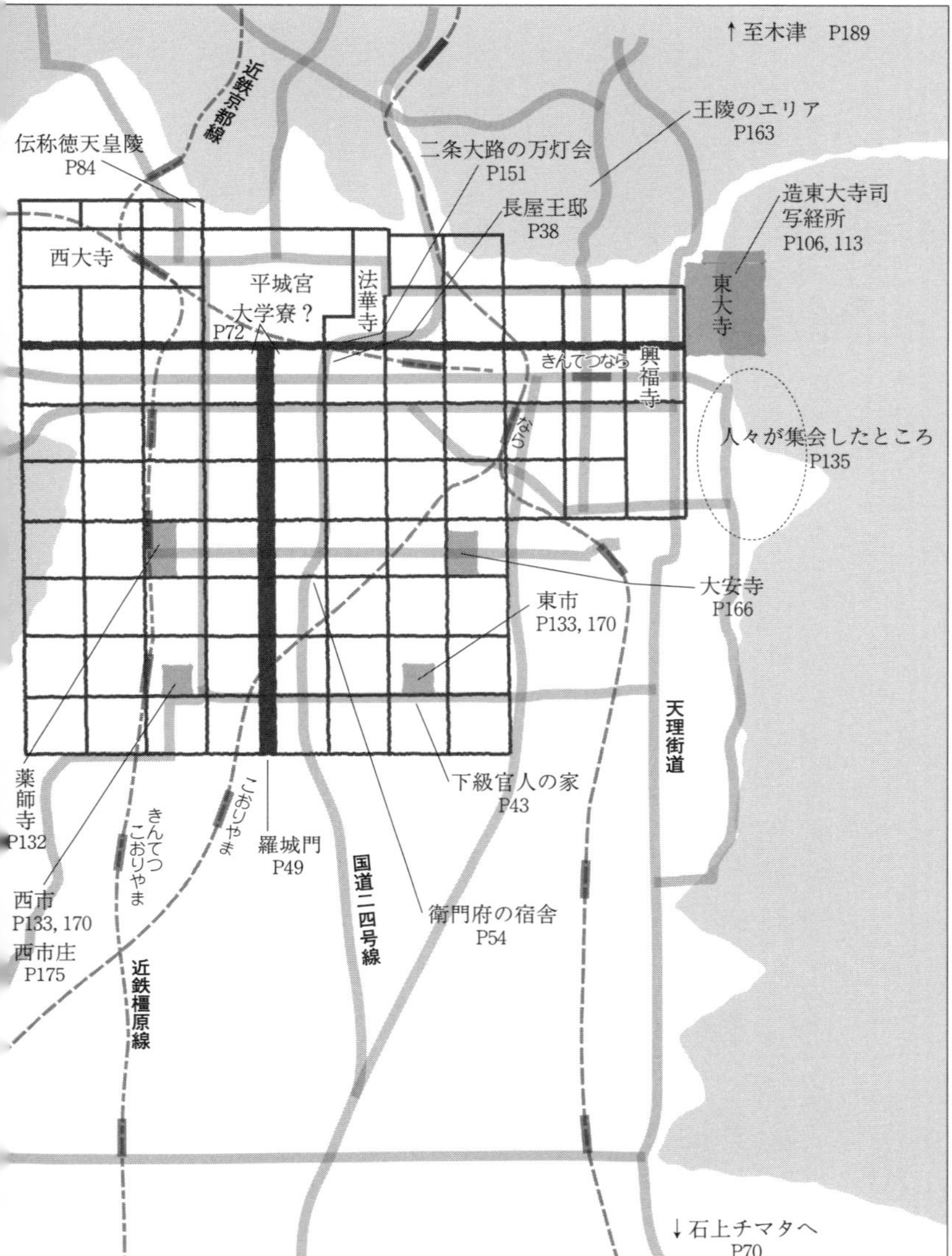
↑至木津　P189
近鉄京都線
王陵のエリア
P163
伝称徳天皇陵
P84
二条大路の万灯会
P151
長屋王邸
P38
造東大寺司
写経所
P106, 113
西大寺
平城宮
法華寺
東大寺
大学寮？
P72
きんてつなら
興福寺
なら
人々が集会したところ
P135
大安寺
P166
東市
P133, 170
天理街道
下級官人の家
P43
薬師寺
P132
こおりやま
きんてつこおりやま
羅城門
P49
国道二四号線
西市
P133, 170
衛門府の宿舎
P54
西市庄
P175
近鉄橿原線
↓石上チマタへ
P70

大阪へ
（日下越か）
阪奈道路
近鉄奈良線
とみお
いこま
生駒山
鯛女が蟹を
入手したところ
P142
富の尼寺
P140
なばた
近鉄生駒線
いちぶ
（生駒山寺か）
行基墓
P140
国道一六八号線
第二阪名道路
暗峠
←大阪へ
美努岡万呂墓
P163
みなみいこま
国道三〇八号線
矢田丘陵
※石山院…滋賀県，石山寺とその周辺　P58, 189
※難　波…大阪府　P141
JR奈良線

古代と現代をつなぐ瞬間——プロローグ

平城宮・京出土木簡《もっかん》の点数は、現在実に約一七万点。そして、さらに多くの木簡が地中に埋まっていることは、まず間違いない。平城宮内で、発掘調査が終了しているのは約三割。平城京内は宮内よりもさらに未調査地が広いから、これまたいつ大量の木簡出土があってもおかしくない。

これらの木簡たちは、どれも奈良時代に作られ、使われ、捨てられたものだ。一七万点の一点ずつすべてに、作った人が、使った人が、捨てた人が、奈良時代にはいたのだ。そこに生きて、仕事をして、活動をした人がいたからこそ、その木簡は存在する。

木簡を作って、使って、捨てた人たちは、歴史学者が「下級官人」と呼ぶ身分の低い役

平城宮空中写真

人たちが主である。聖武《しょうむ》天皇や長屋王《ながやおう》のような、高貴で有名な人たちではない。我々に古代史を考える重要な材料を残してくれた彼らが、脚光を浴びることはほとんどない。歴史学者は案外冷たい。

そんな彼ら下級官人にも生活があり、人生があった。そして、その人生のうちのほんの一瞬、ある木簡を作って、あるいは使って、捨てたその時間だけを、現代の我々と共有している。それは、彼らの人生のごくありふれた、しかもほんのわずかな一瞬にすぎない。しかし、その一瞬こそ、古代と現代をつなぐ瞬間なのだと思う。

そしてその瞬間には、いつも我々が目にしている古代史とは、いささか異なった古代社会がちらりと顔をみせてくれるのではないか。日本古代史は、法律や国家の作った歴史書から語られることが多い。それらの材料の持つ情報量は確かに圧倒的である。ただ、法律だけを見ていたのでは、その時代をたくましく生きた人々の姿はなかなか見えにくい。

本書では、このわずかな「共有した時間」を手がかりにしながら、私たちに膨大な史料群を残してくれた彼らの活動や生き様に、そして日本古代社会のざわめきに、迫ってみたいと思う。

本書では、資料を以下のように示した。

『大日本古文書』編年編の場合

大日古巻数―ページ

例：『大日本古文書』編年十四巻六〇三頁　→　大日古一四―六〇三

『平城宮木簡』の場合

宮―木簡番号

例：『平城宮木簡』九九号木簡　→　宮―九九

『平城京木簡』の場合

京―木簡番号

例：『平城京木簡』四九三五号木簡　→　京―四九三五

『平城宮発掘調査出土木簡概報』の場合

城＋巻数―掲載ページ＋段

例：『平城宮発掘調査出土木簡概報』三七　一二ページ上段　→　城三七―一二上

『平城宮木簡』『平城京木簡』シリーズの巻数は省略した。

なお、使用した写真はいずれも奈良文化財研究所提供である。

寧楽点描

平城京の朝

夜明け前

寧楽《なら》の都の、朝は早かった。

日の出のおよそ二〇分前、太鼓が鳴り響く。「第一開門鼓」である。鼓の音は、はじめ小さく、徐々に大きくなる。一二回で一セット、これが二回繰り返される。徐々にボリュームを上げながら響き渡る太鼓の音とともに、朱雀《すざく》門や壬生《みぶ》門など、平城宮とその外をつなぐ門が、いっせいに開かれた（宮衛令《くえいりょう》開閉門条および延喜陰陽式《えんぎおんみょうしき》）。

いや、いっせいに開かれたのは、平城宮と外をつなぐ門だけではなかった。平城京の正門である羅城《らじょう》門や、平城京内の交差点に設けられた通行規制の門も、いっせいに開かれた。

平城京内は、夜間外出禁止である。京内の交差点ごとに警備小屋が設けられ、衛府《えふ》の部隊が配置される。夜間巡邏《じゅんら》もある。むやみに外出すると、逮捕されてしまう（宮衛令応分街条）。許されるのは、急病人とか、そういう場合だけである。この外出禁止も、第一開門鼓とともに解除される。第一開門鼓は、平城宮だけでなく、平城京全体に朝を告げ、夜の戒めから人々を解き放ち、活動を始めさせる響きであった。

開門に備えて、随分前から準備が始まっていた。門を開けるためには鍵が必要だ。その鍵は、開門の三刻（約一時間半）前には取り出されることになっていた。鍵の出し入れはなかなかうるさい規則になっている。鍵の管理は、闈司《いし》という役所の担当である（後宮職員令闈司条）。この闈司というのは、天皇の身近に仕える女官たちの役所の一つだ。鍵を握っているのは、いつの時代でも女性らしい。ほの暗い明かりの向こうで鍵を捧げた女官の姿は、若く艶やかだったか、幽玄だったか。いずれにせよ、夜明け前から、なんとなく張りつめた、重々しい空気の中、仕事が進められていたに違いない。

一方、開門の太鼓を打ち鳴らすためには、時間を正確に知らなければならない。平城宮内の陰陽寮《おんみょうりょう》では、漏刻《ろうこく》博士が配下の守刻丁《しゅこくちょう》を率いて、備え付けられた水時計（漏刻）にじっと目をこらしている（職員令陰陽寮条）。

平城宮の一番外側の門、宮城門では衛門府《えもんふ》の門部が衛士《えじ》を指揮しながら開門の準備をしていた。夜通し焚かれていた通用門のかがり火も、そろそろ消す準備をしなければならない。かがり火を焚く通用門では、防火用水も備え付けていた。かがり火を消せば、今夜も防火用水を使うことなく無事朝を迎えることができる。ほっとしてあくびをこらえながら、防火用水の水面に映るかがり火を見ていた衛士もいたことだろう。同じような作業が、宮内のあちらこちらの門で行なわれていた。

第一開門鼓から遅れること約一時間後、白々と夜が明けはじめたころ、再び太鼓が鳴り響く。第二開門鼓である。鳴らし方は第一開門鼓と同様で、計二四回打ち鳴らされる。この音を合図に、朝堂院《ちょうどういん》と、大極殿《だいごくでん》の門が開かれ、平城宮内にも本格的に朝が訪れる。

平城宮に出勤する人々は、この第二開門鼓以前に出勤していなければならない。だから、きらびやかな貴族から、みすぼらしい下級の者まで、総勢一万人近い役人たちが、ぞろぞろとまだ夜の明けやらぬ平城宮に集まってきていたはずである。

今日もまた、寧楽の都の一日がはじまる。

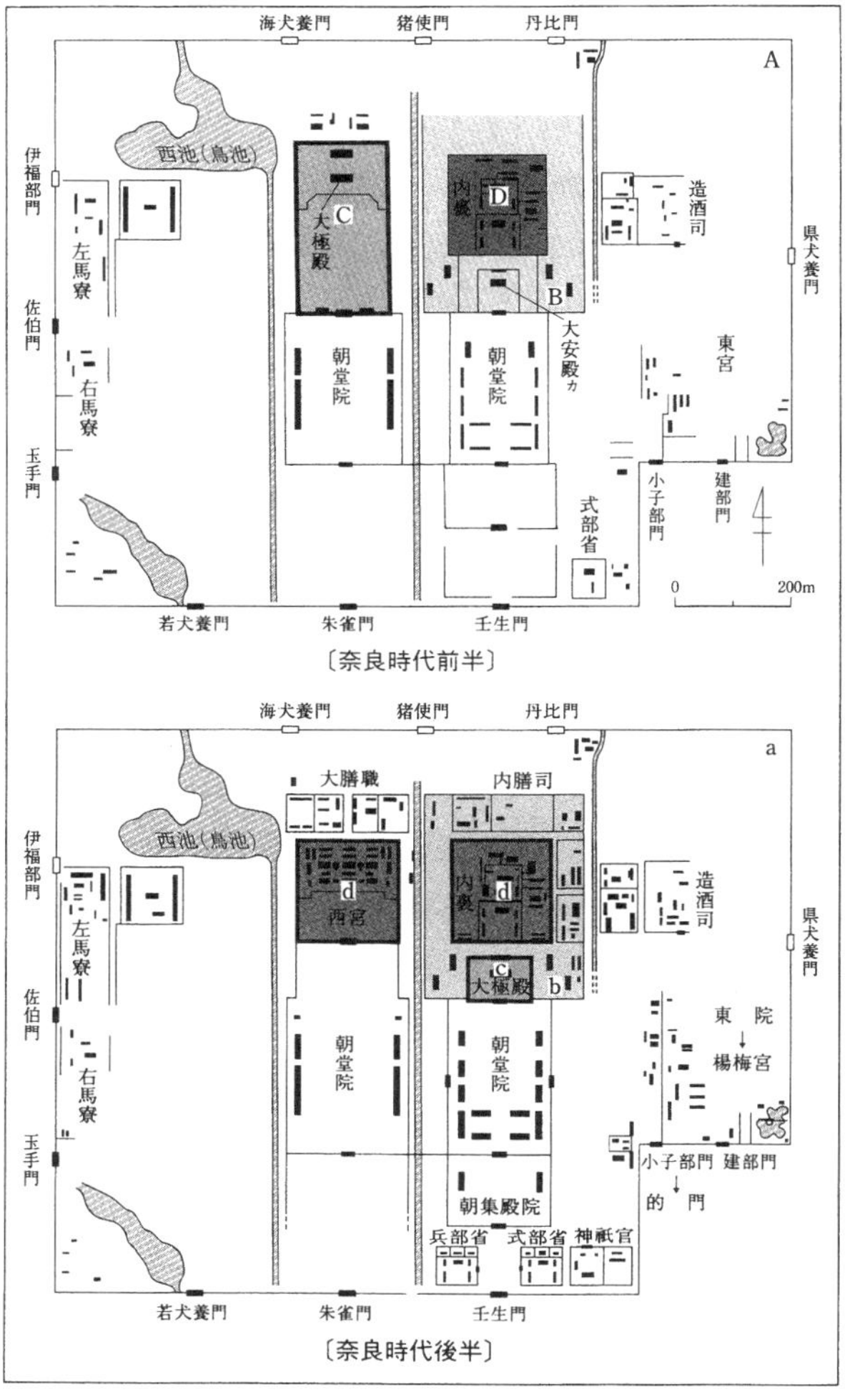

平城宮（舘野和己『古代都市平城京の世界』山川出版社より，一部改変）

朝早くから時間に縛られての出勤とは、古代人もなかなか楽ではない。しかも、時間を正確に知るためには、設備投資やその維持だけでも相当のコストがかかる。

「奈良時代」という夜明け

時間を正確に知るための設備、漏刻の遺跡としては、飛鳥《あすか》の水落《みずおち》遺跡が有名である。その基礎は大きな石を埋め込んで地中梁《はり》のように組むなど、入念な工事を行なっている。なにしろ正確さが重要で、しかも重量を伴う設備だから、建物やその基礎からして、普通の役所の建物よりもはるかに入念に構築しなければならないのだ。建設コストも、そしてその維持も、当然通常の役所の建物や設備より、ぐっと跳ね上がらざるを得ない。

平城宮内にも、漏刻はあったはずで、その基礎工事は相当入念なものだったろう。だから、もし漏刻台の場所を発掘すれば、おそらくは特徴的な基礎工事が発見され、漏刻であることを確定できると思われるのだが、現在まで、発掘調査でその場所を確定するには至っていない。ただ、近年調査された東方官衙地区の大きな土壇が、奈良時代以来の基壇であることが判明し、漏刻の可能性も考えられている（『奈良文化財研究所紀要二〇〇八』）。

これほどのコストをかけてまで、奈良時代の国家は古代人を時間で縛った。それを命じた法律が、「律令《りつりょう》」である。

律令。日本古代国家の基本法典である。この律令に基づいて国家機構が形成され、統治が行なわれた。秦漢《しんかん》帝国以来、中国で培われてきた法典である律令を継受し、アレンジをくわえたものが日本の律令であり、それに基づいて日本古代律令国家が形成された。大雑把に、律が刑法で令が行政法とされる。また、律令の変更や追加の役割を果たす単行法令を「格《きゃく》」、施行細則を「式《しき》」と呼び、これらを「律令格式」と一括して称することもある。

古代東アジア最大の強国であり、文明国である隋《ずい》・唐《とう》帝国の出現、それに伴う激動する国際情勢の中、まだ「倭《わ》」と呼ばれていた古代日本が生き抜くためには、隋・唐の文明を取り入れ、その支配体制を学び、国力を高めなければならない。そう判断した日本古代国家首脳部は、全力を挙げて隋・唐帝国の支配体制の継受に努めた。実力を高めなければ、唐に侵略され滅びてしまうかもしれない。同盟国の百済《くだら》も、強盛を誇った高句麗《こうくり》も、滅びさったではないか。国力が高められなければ、滅亡するかもしれない。先進文明を取り入れ、国家体制を整えなければならない。そういった点で、明治時代と古代律令国家成立史には相通じるものがある。明治政府が文明開化・富国強兵・憲法制定に必死になったように、日本古代国家も文物《ぶんぶつ》摂取・富国強兵・律令制定に必死であった。

一方、先進的すぎる律令は、必ずしもすべてが直ちに末端の支配にまで反映されきったわけではない。しかし、律令規定が未開の日本列島に文明をもたらし、その社会に大きな影響を与えたことも確かである。

そして、日本がはじめて「日本」と名乗ったのは、大宝《たいほう》律令制定直後の、大宝の遣唐使《けんとうし》だ、とされている。奈良時代は、日本が誕生してまだ間もない時代だったのである。

奈良時代もまた、「日本の夜明け」であった。

早朝の顔ぶれ

そんな日本の夜明けの時代の、夜明けの平城宮に集まってきた上下貴賤はどのような人々だったのだろうか。先ほど、きらびやかな貴族から、なにやらみすぼらしい下級の者まで、と述べた。この「貴族」という言葉は、奈良時代においては、漠然と偉い人を指すのではなく、限定された位階をもつ人々のことを指す。

律令には、下は少初位下《しょうしょいげ》から上は正一位《しょういちい》まで、三〇段階の位階が規定されている。この位階は、大きく二つに分かれる。五位以上と、六位以下である。五位以上は「通貴《つうき》」、三位《さんみ》以上は「貴」と呼ばれ、彼らこそ古くから大和朝廷の中核をなしてきた集団である。貴族とはこの五位以上の人々のことであり、その中でも三位以上こそ「本物の」貴族である。また、三位以上の人物を輩出し得る一族が、貴族の家柄、ということになる。

一方、六位以下は実務に当たる下級官人である。身分的特権も、収入も五位以上とそれより下では大きく異なる。そして、貴族の家に生まれて、当初六位以下であった場合は五位にも比較的すんなり登れるが、下級官人層の人物が五位へ昇進することは非常に難しかった。『万葉集』には、自分の恋心が人事評価の対象となったらきっと五位に登れる、と詠んだ歌がある（巻一六・三八五八番）。恋心の大きさ・深さのたとえとして、五位に昇ることが使われるほど、五位の壁は大きかった。

律令官人たちは、まず位を持ち、それに応じた官職に就く。これを官位相当制《かんいそうとうせい》と呼ぶ。位階で表現される身分こそ、奈良時代最大のステータスであった。律令には、官位相当のリストがあるから、それからそれぞれのポストにどの程度の位の役人が就いたかを——逆にいうとそのポストがどの程度重要であったかを——知ることができる。当然ながら、貴族と下級官人たちでは、役職も随分異なる。

ついでに、官職＝ポストについても概観しておきたい。中央の役所は、「二官八省」と称される。二官、というのは神祇官《じんぎかん》と太政官《だいじょうかん》である。太政官は、大臣たちが集う、大和朝廷以来の「マエツキミ」が合議し伺候《しこう》する場である。政府の最高機関、内閣兼国会といったところであろうか。実際の行政にあたる機関が中務《なかつかさ》・式部《しきぶ》・治部《じぶ》・民部《みんぶ》・兵部《ひょうぶ》・刑部《ぎょうぶ》・大蔵《おおくら》・宮内《くない》の八省であり、太政官と、各省を取りもつのが弁官《べんかん》である。省の下に

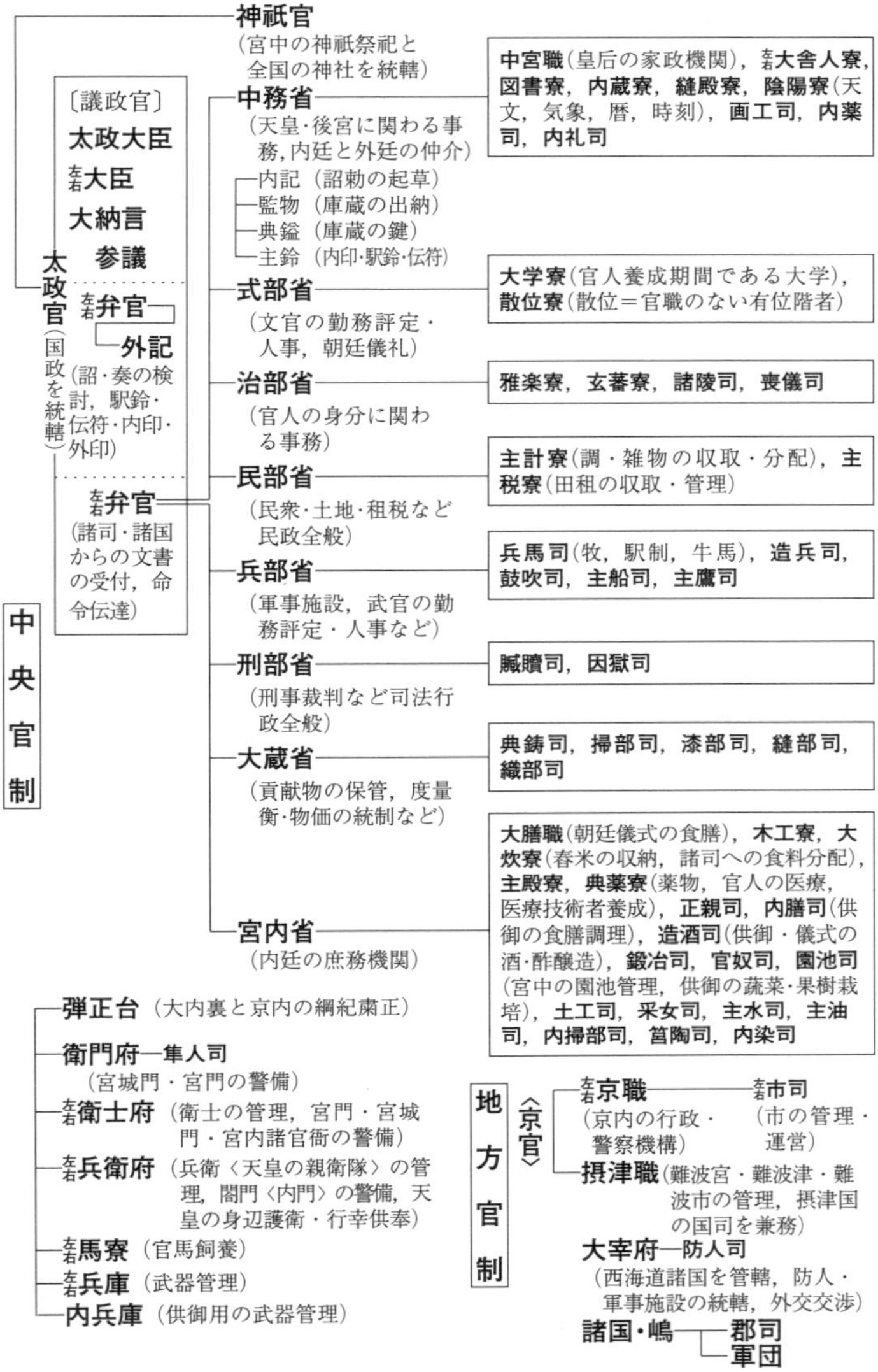
中央官制
神祇官（宮中の神祇祭祀と全国の神社を統轄）
太政官（国政を統轄）
〔議政官〕
太政大臣
左右大臣
大納言
参議
左右弁官
外記（詔・奏の検討，駅鈴・伝符・内印・外印）
左右弁官（諸司・諸国からの文書の受付，命令伝達）
中務省（天皇・後宮に関わる事務，内廷と外廷の仲介）
内記（詔勅の起草）
監物（庫蔵の出納）
典鎰（庫蔵の鍵）
主鈴（内印・駅鈴・伝符）
中宮職（皇后の家政機関），左右大舎人寮，図書寮，内蔵寮，縫殿寮，陰陽寮（天文，気象，暦，時刻），画工司，内薬司，内礼司
式部省（文官の勤務評定・人事，朝廷儀礼）
大学寮（官人養成期間である大学），散位寮（散位＝官職のない有位階者）
治部省（官人の身分に関わる事務）
雅楽寮，玄蕃寮，諸陵司，喪儀司
民部省（民衆・土地・租税など民政全般）
主計寮（調・雑物の収取・分配），主税寮（田租の収取・管理）
兵部省（軍事施設，武官の勤務評定・人事など）
兵馬司（牧，駅制，牛馬），造兵司，鼓吹司，主船司，主鷹司
刑部省（刑事裁判など司法行政全般）
贓贖司，囚獄司
大蔵省（貢献物の保管，度量衡・物価の統制など）
典鋳司，掃部司，漆部司，縫部司，織部司
宮内省（内廷の庶務機関）
大膳職（朝廷儀式の食膳），木工寮，大炊寮（舂米の収納，諸司への食料分配），主殿寮，典薬寮（薬物，官人の医療，医療技術者養成），正親司，内膳司（供御の食膳調理），造酒司（供御・儀式の酒・酢醸造），鍛冶司，官奴司，園池司（宮中の園池管理，供御の蔬菜・果樹栽培），土工司，采女司，主水司，主油司，内掃部司，筥陶司，内染司
弾正台（大内裏と京内の綱紀粛正）
衛門府―隼人司
（宮城門・宮門の警備）
左右衛士府（衛士の管理，宮門・宮城門・宮内諸官衙の警備）
左右兵衛府（兵衛〈天皇の親衛隊〉の管理，閤門〈内門〉の警備，天皇の身辺護衛・行幸供奉）
左右馬寮（官馬飼養）
左右兵庫（武器管理）
内兵庫（供御用の武器管理）
地方官制
〈京官〉
左右京職（京内の行政・警察機構）
左右市司（市の管理・運営）
摂津職（難波宮・難波津・難波市の管理，摂津国の国司を兼務）
大宰府―防人司
（西海道諸国を管轄，防人・軍事施設の統轄，外交交渉）
諸国・嶋
郡司
軍団
律令官制図（渡辺晃宏『平城京と木簡の世紀』講談社より，一部改変）

は、職《しき》・寮《りょう》・司《し》という役所が設置される。寮のうちでも、軍事に関する馬寮《めりょう》・兵庫寮《ひょうごりょう》・内兵庫《うちのひょうご》は、役人の不正等を監視する弾正台《だんじょうだい》、首都防衛軍である衛府とならんで太政官直轄である。

各役所の中核は、カミ・スケ・ジョウ・サカンの四等に分かれて職務を分掌する、「四等官《しとうかん》」である。役所の規模によって、スケが複数いたり、逆にジョウが置かれなかったりする。また、役所の性格に合わせて特別なポストが設置されることがある。たとえば刑部省には「判事」が、陰陽寮には「陰陽師《おんみようじ》」や「暦博士《れきはかせ》」らが配される。これらのポストは、職掌と官位相当が規定された「職事官《しきじかん》」であり、また毎日出勤する「長上官《ちょうじょうかん》」である。

一方、各役所には各種雑用に従事するスタッフも配された。史生《ししょう》・使部《しぶ》などと呼ばれる彼らは、官位相当がない。職事官に対して「雑任《ぞうにん》」と呼ばれ、交替で出勤する「分番官《ぶんばんかん》」である。なお、雑任のさらに下に、仕丁《じちょう》などの雑用係が配された。彼らは、全国から強制的に集められた農民たちであり、課役の一環として都で勤務していた。

こうした役所に勤務するスタッフやらが、日本の夜明けの時代の、夜明けの平城宮の顔ぶれなわけだが、残念ながら坂本龍馬《さかもとりょうま》みたいなカリスマはなかなか見あたらなさそうである。ただし、数だけはたくさんいる。律令に記載されている中央官庁勤務者だけで、その総数は約一万人にのぼる（中村順昭『律令官人制と地域社会』吉川弘文館、二〇〇八年）。

文字の夜明け

この巨大な律令官司機構を動かしていた、重要な道具が「文字」である。

全国民の台帳たる戸籍から日常的なメモの張り継ぎに至る帳簿群は、支配や事務作業に欠かせない。また、太政官が発行する正式な命令書や全国から送られてくる報告書はもちろん、日常的な出勤の記録や、食料の支給伝票や物品の送り状、全国の貢納物につけられた貢納者の記録など、膨大な文字が書き記され、律令機構を動かし、支配を実行していた。律令国家の支配が「文字による支配」といわれる所以《ゆえん》はここにある。

むろん、口頭言語の世界も非常に大きな役割を果たしていた。王権の意志を示すさまざまな手段の内、もっとも中核となる場面では、「宣命《せんみょう》」という口頭での伝達が用いられた。だが、やはり文字の世界の広がりは重要である。文字による支配だからこそ、文字の資料が残り、社会や支配の様子を知ることができるのである。宣命も、文字に記されて記録されたから、今日に伝わっている。そして、こうした材料を分析するからこそ、文字を利用しなかった場面、口頭の世界も知ることができるのだ。

文字は奈良時代以前から、日本に伝わっている。だが、全国に文字の使用が強制され、爆発的にその利用と習得が拡大するのは、なんといっても奈良時代である。奈良時代は文字利用の夜明けでもあった。

さて、こうした文字たちの多くを実際に書いたのは、下級官人たちである。天皇や高級貴族が自ら命令書を書くことは、まずない。実際に書類を作成するのは、書記官たちである。そして、より日常的で、日々膨大に書き記された、食料支給伝票やらといったものに記された文字たちは、下級官人の手になるものである。下級官人たちが、文字による支配を実際に支えていたといっても過言ではないだろう。

夜明け前の平城宮に集った中でも、とりわけぱっとしない顔ぶれが、文字の夜明けを支えていた。

朝飯の光景

夜明け前に集合となると、朝食はどうしたのかと心配になる。奈良時代は、朝夕の二食が原則であった。それぞれの役所では官人たちに食事を支給しており、「朝夕常食《じょうしょく》」と称されていた。昼に食事が支給されることもあり、「間食《かんじき》」と称される。常食や間食の請求には木簡が使われた。奈良時代の役人は給食を食べていたわけだ。

常食のメニューは、まず飯である。そのほか、若干のおかずが付いたらしい。ちょっと

3

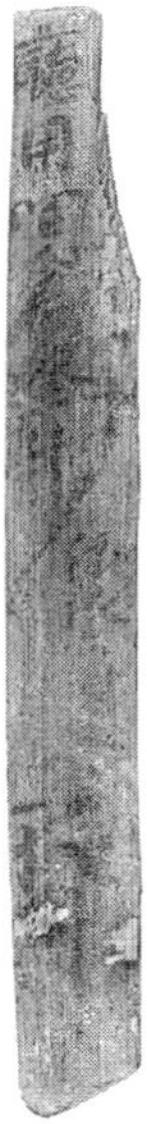
2

1

1　朝夕の常食を請求する木簡
2　間食の米を請求する木簡
3　兵衛の配置や食糧支給の木簡の裏に，塩が支給されていないと苦情を記す木簡
4　海藻湯（ワカメスープ）用の鰯を請求した木簡
5　常食の菜（おかず）がまずいことなどを記した木簡
6　飯を請求する木簡
7　鯖を「五匹ほど」頼み込んでいる木簡

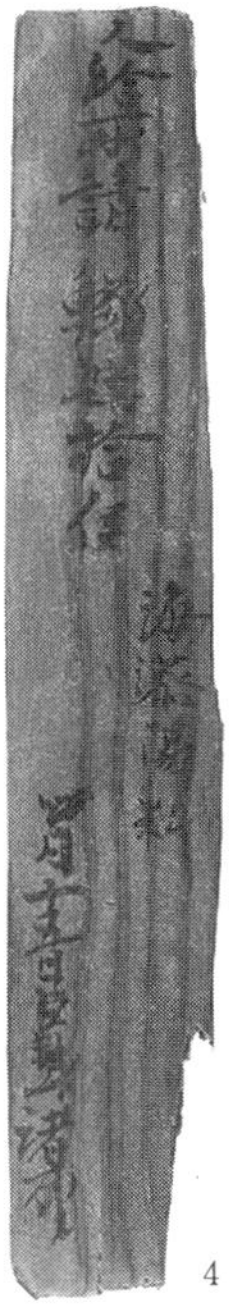

4

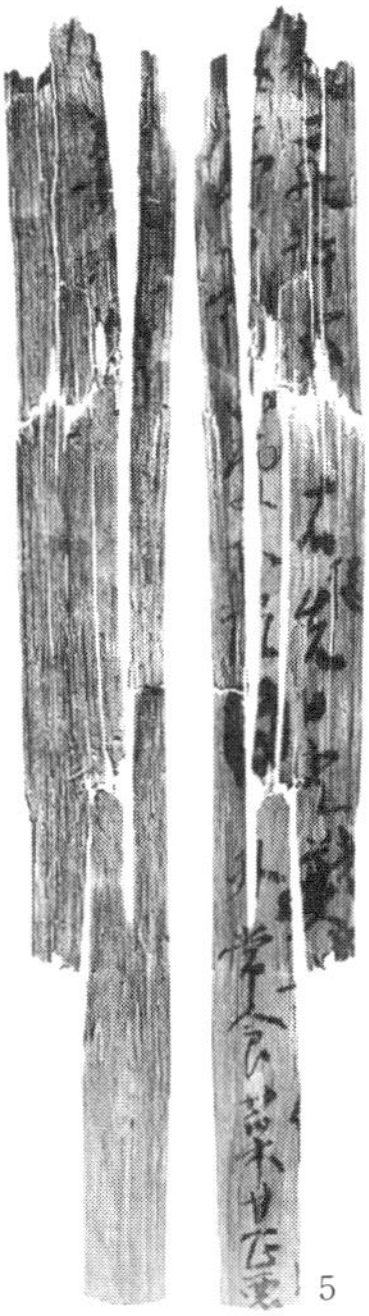

5

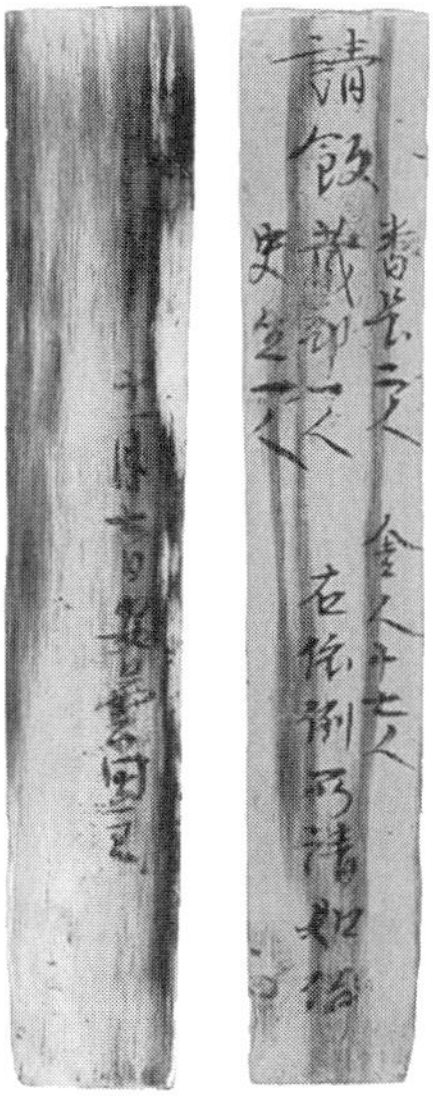

6

7

遠慮気味に鯖《さば》を要求している木簡もあるし、「常食の菜はなはだ悪し」、つまりおかずがまずい、と文句を言っている木簡もある。「海藻湯（＝ワカメスープ）」に使う鰯《いわし》を要求している木簡もあるから、鰯で出汁《だし》をとったワカメスープが用意されたのであろう。塩がないことについて憤慨している木簡があるから、通常は調味料に塩が付いていたらしい。

平城宮からは、給食に使われたと考えられる土器が大量に出土している。規格性が高く、給食用食器としてじつにふさわしい。かつてはこうした土器の出土比率から食器セット一人前を考えていたが、近年出土例が増えてくるとその比率がどうも単純には決めがたい状況らしい。木製品も利用されていたし、出土品からだけではなかなか難しい。正倉院文書《しょうそういんもんじょ》の例からの分析もあるから、それに基づきつつ出土品も考慮にいれて整理してみよう。

各自「折敷《おしき》」という今日的にいうとお盆のようなものの上に、それぞれ一人前の食器セットを揃えて、それで食事をしていた。大皿に盛られて、それを取り分けて、という食事ではなかった、と考えられている。いわば、各自一人前の定食みたいな感じだ。飯に、副食二品ほどに汁物、それに若干の調味料を添えると、奈良時代官人定食のできあがりである（関根真隆『奈良朝食生活の研究』吉川弘文館、一九六九年など）。

平城宮内の役所ではないが、造東大寺司写経所《ぞうとうだいじしゃきょうじょ》という役所での食材リストがいくつか残っている。この写経所は、当時の下級官人の実態を知る上で非常に重要な材料となる資料が多く残っている役所で、本書でもまた後ほど深く関わることになる。

さて、この食材リストの一つを整理すると、表1のようになる。写経という仕事柄、精進料理だったらしく、魚や肉がまったくみられないが、それをのぞくとなかなかバラエティーに富んだ食材が並んでいる。先ほどの常食メニューより一皿ほど多そうであり、勤務先や階層による差もあるようだ。決してみすぼらしい食事、というわけではなく、それなりの食事ということはできるだろう。いや、輸送手段の未発達な奈良時代ということを考えれば、割合に豊かな食卓といってもよいように思う。

表1　食材リスト

品目	料
米	2升
糯米	5合
塩	1合
醬	2合
滓醬	1合
末醬	1合
酢	5勺
海藻	2両
滑海藻	2両
心太	1両
芥子	2勺
胡麻油	1合
小麦	5合
小豆	5合
大豆	1合
胡麻子	1合
漬菜	3合
生菜	4文分

天平宝字2年7月6日造東大寺司解案（大日古13-373）による

火錐臼（着火用の道具）

一方、やはり写経所でも、経師《きょうじ》がもっとも食事がよく、下働きとは随分違う。貴族と通常の官人たちの間だけではなく、それぞれの役所の中でも大きな開きがあったこともまた事実である。この下働きは、全国から強制的に集められてきた人たちであった。

平城宮内では火の管理は非常にやかましくて（宮衛令兵庫大蔵条など）、わざわざ火種を請求している木簡もある（宮―二・三〇〇八など）。どこでも飯を炊いたり、調理をするわけにはいかない。主として大膳職《だいぜんしき》や大炊寮《おおいりょう》などの役所で調理を行ない、各官司に送り届けていたのであろう。ただ、最終消費地で発見される米の荷札もあるように、それぞれの役所の厨《くりや》（厨房）で飯を炊いたこともあった。このメニューは、飽食の現代からみれば粗食だが、前近代の食事事情の中でとりわけ悪いわけではないと思う。鰯で出汁をとったスープなど、なかなか凝っている。

しかし、である。日の出前に出勤してきた官人たちは、どうやって朝の常食にありついたのだろうか。実はこのあたりのことは、さっぱりわかっていない。宴会の食事であれば、いろいろ推定もできるのだが、日常の、それも朝食となるとほとんどその様子を知る材料がないのだ。先ほどの写経所でも、具体的に何時から仕事を始めたのか、とか何時に食事を出したのか、とかそういう記録は残っていない。

朝食に関する、ほとんど唯一といってよい資料が、左の木簡であろう。「朝干飯」は「あさ・かれ・いひ」であり、「朝餉」という文字をあて朝食を指すようになる。「朝干飯」という文字からすると、この朝食は干した飯だったということである。そのままでは堅くて食べにくいであろうから、湯で戻して、今でいう茶漬けのようにしたのであろうか。尼さんが、朝、茶漬けをかき込んでいるというのは、ちょっと美しくない絵面であるが、とにかく朝食の一つの様子を窺い知ることができる。

ただ、どこの家でも茶漬けを食べていたのかはわからないし、「干飯」も具体的にはどんなものか、なかなかわからない。「干飯」は、保存の利く食料として重宝だったようで、軍隊の遠征のために用意されたり、備蓄されたりした食品である。各地方の倉庫にも、備

・尼四口朝干飯米二升受物部古万呂　○
・　九月廿九日道万呂　○
213・19・2　011

蓄されていた。私は漠然と、炊いた飯を干した物、と思っていたのだが、天平料理を再現している料理研究家・尾道龍男氏によれば、一工夫必要だという。果たしてどのような朝食を食べていたのか、結局謎が残ってしまう。日常的になればなるほど、資料が残らない。当たり前のことは記録してくれないのだ。

古代の人々を知るのは、なかなか容易ではない。

古代の庶民、とは

しばしば、「古代の人々、特に庶民がどのような暮らしをしていたのか、それが知りたいのです」という質問を受ける。古代史を学ぶ者にとって、これほど答えようのない質問も少ない。

どうして古代史の説明は、制度の話が多いのか。それは古代史研究が材料とする資料の性質による。そもそも古代史の資料は少ない。残っている資料も、多くは法律・制度に則って作成された資料類である。だから、法制度に関する研究がどうしても軸となる。

したがって、当時の生活など、日常的なことは実にわかりにくい。食事もその一例だが、たとえばどのような食器を利用して食事をしていたのかも、なかなか難しい。

奈良時代の土器は大きく、古くからの技術で作成された土師器《はじき》と、大陸伝来の技術で作成された須恵器《すえき》がある。土師器は赤茶色で、ややもろい。一方、須恵器は暗灰色《あんかいしょく》を呈し、非常に丈夫である。土師器はもろくて「ぼろっちい」のに対して、須恵器はしっかりした状況で出土する。令の注釈でも、一年の自然の消耗率を論じる中で、須恵器と土師器が同じではおかしい、と盛んに議論している（営繕令瓦器経用条集解）。要するに土師器は壊れやすいのだ。こうしたことなどから、漠然と須恵器は比較的身分の高い人に、土師器は身分の低い人に、と考えられてきている。

しかし、面白いことに、須恵器はその後衰退するが、土師器は「かわらけ」として生き残る。中世では、かわらけは宴会ごとに使い棄てられる食器である。時代劇では、出陣の場面でたたき割られている。してみれば、はたして土師器が身分の低い者専用だったか、という点はすこし検討の余地が残る。そもそももろいものだから、出土時に状態が悪いのは当たり前だ。また、土中で失われた物も多く存在するのかもしれない。

瓦葺《かわらぶ》きの最新技術の建築が導入された後も、内裏《だいり》はわざわざ伝統的な檜皮葺《ひわだぶき》建物を踏襲する。食器も同様の可能性は否定できないのではないか。伝統的な土師器が愛用された可能性も高い。木製の食器の存在も考えると、さらに問題は複雑となる。出土品という、一見決定的な材料を手にしながらも、なかなか当時の実相には近づきにくい。

さらに、庶民、とはどのような人々をさすのか。文字を扱うクラスの人々がどの程度下々の「日々の暮らし」に関心をもって書き留めてくれるだろうか。そう考えれば、文字資料は期待薄である。そして、頼りの考古資料も先に述べた通りだ。

もう一つ加えよう。「どのような暮らし」という質問、なかなかの無理難題だとは思わないだろうか。逆に聞きたい。あなたは「どのような暮らし」をしていますか？　隣の方は「どのような暮らし」をしていますか？　どうにも答えにくい質問だと、おわかりいただけたであろうか。

だが一方で、われわれも古代人が、特に貴族層でないようななかなか記録にも残りづらい人々が、何を考え、何を感じながら、「どうやって」暮らしていたのか、興味津々なのである。だから本書でも、鮮やかな答えは出ないかもしれないが、精一杯の努力をしたいと思っている。

平城京の街並み

平城京の街路

開門鼓の響き渡った、寧楽の都、平城京は奈良盆地の北端部に位置する。東西約六㌔、南北約五㌔。碁盤目条に街路が張り巡らされた、計画都市である。

日本古代国家は、この平城京を拠点として強力な全国支配を確立していった。一方、この平城京を舞台として、政変をはじめ大小さまざまな事件があった。『万葉集』に詠まれた恋もあった。平城京は、日本古代国家を象徴する、まさに歴史の中心舞台であった。

その舞台の袖には、下級官人たちがひしめき合っていた。彼らにとっても、平城京こそ主要な活動の舞台であり、わずかながらも歴史に名を留めた場所である。そしてさらには、

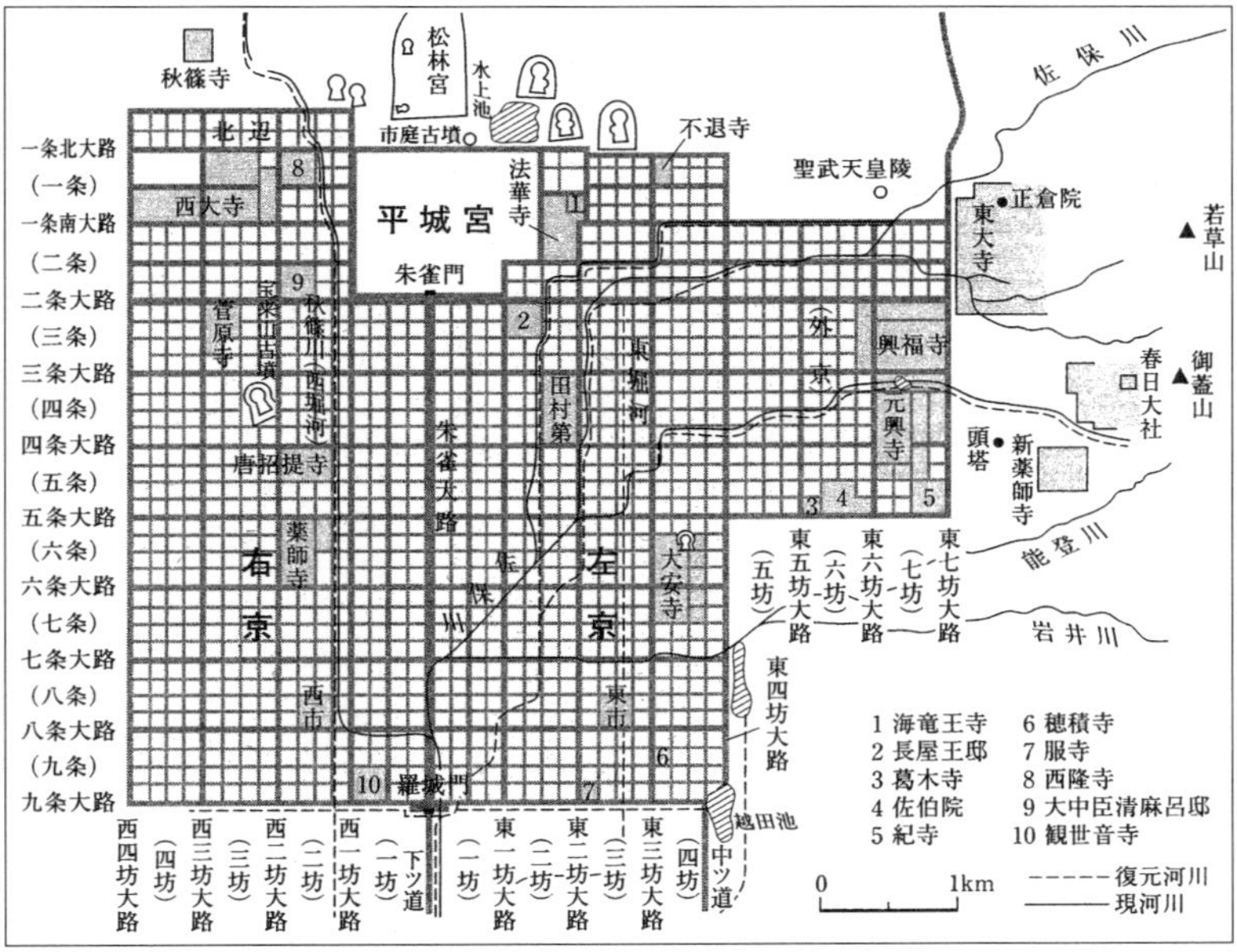

平城京（舘野和己『古代都市平城京の世界』山川出版社より）

全国から集められた衛士《えじ》や仕《じ》丁《ちょう》といった人々や、貢納物を運んできた人々など多くの顔が集まり、うごめいていた。

唐《とう》・長安《ちょうあん》城を模して計画されたといわれる平城京。その中心は、中央北端部分に位置する平城宮である。いや、日本古代都城の発達史から考えると、平城宮の周囲に平城京が計画され、造営された、というべきかもしれない。ともあれ、この平城宮こそ、天皇の居所たる内裏、国家儀礼の中心となる大極殿《だいごくでん》・朝堂院《ちょうどういん》、全国支配を可能にする役所群や富の蓄積を誇らしげに見せつける倉庫群などが並ぶ、日本古代律令国家機構がすっぽりと収まった最も中心的な空間ということができる。

平城京域は、幅約一〇〇㍍を誇る朱雀大路《すざくおおじ》がその中央を南北に貫く。この朱雀大路の東を左京《さきょう》、西を右京《うきょう》と呼ぶ。平城京北端に置かれた、平城宮から見ての左右による呼称である。平城京は、朱雀大路を筆頭とする街路のほか、首都機能・都市機能を維持するための施設が備わっていた。

まずは街路の様子をみてみよう。平城京内の街路は、大路・条間路《じょうかん》・坊間路《ぼうかん》・小路《こうじ》といった格式で呼ばれる。発掘調査の成果では一一段階ほどに分けられる（井上和人『古代都城制条里制の実証的研究』学生社、二〇〇四年）。京内の街路は、両側に側溝が備わる。側溝の外側に、さらに若干の「控え」の空間があり、さらにその外に宅地の塀が立つ。

水は、少しでも低くなっている場所があると、そこに集まる。全国で発見される古代道路の側溝には、溝底が平でなく、とても水が流れたと思えないものもあるが、それでも路面付近の水分を集めて、ぬかるみを減らし、路面を保護する効果はかなり大きかったはずだ。都城の街路に備わった側溝も、路面の維持に大きな役割を果たしたであろう。

都城街路の側溝は、また別の機能も持っていた。それは、平城京内に張り巡らされた排

平城京条坊道路規格図

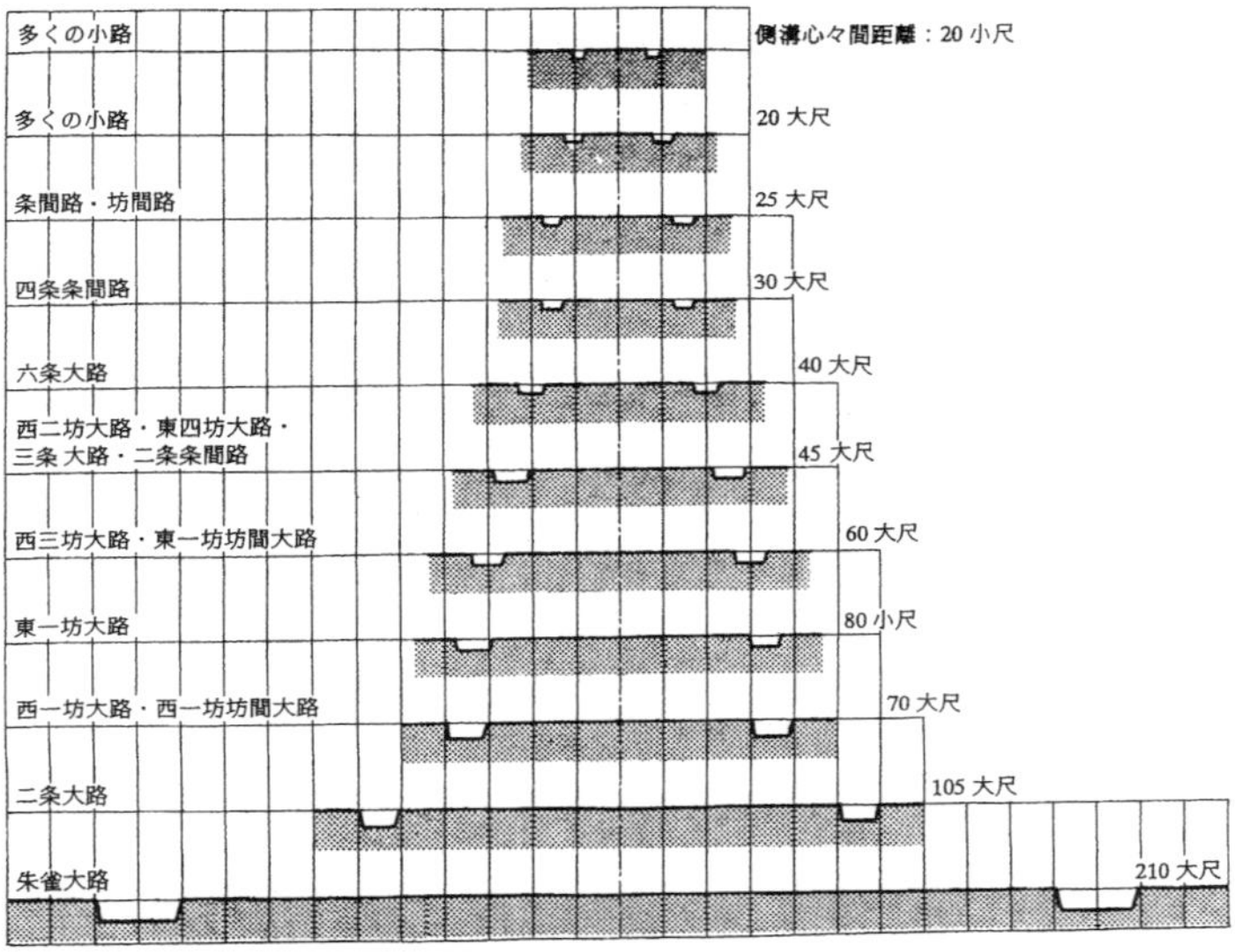

羅城の遺構断面図と復原図

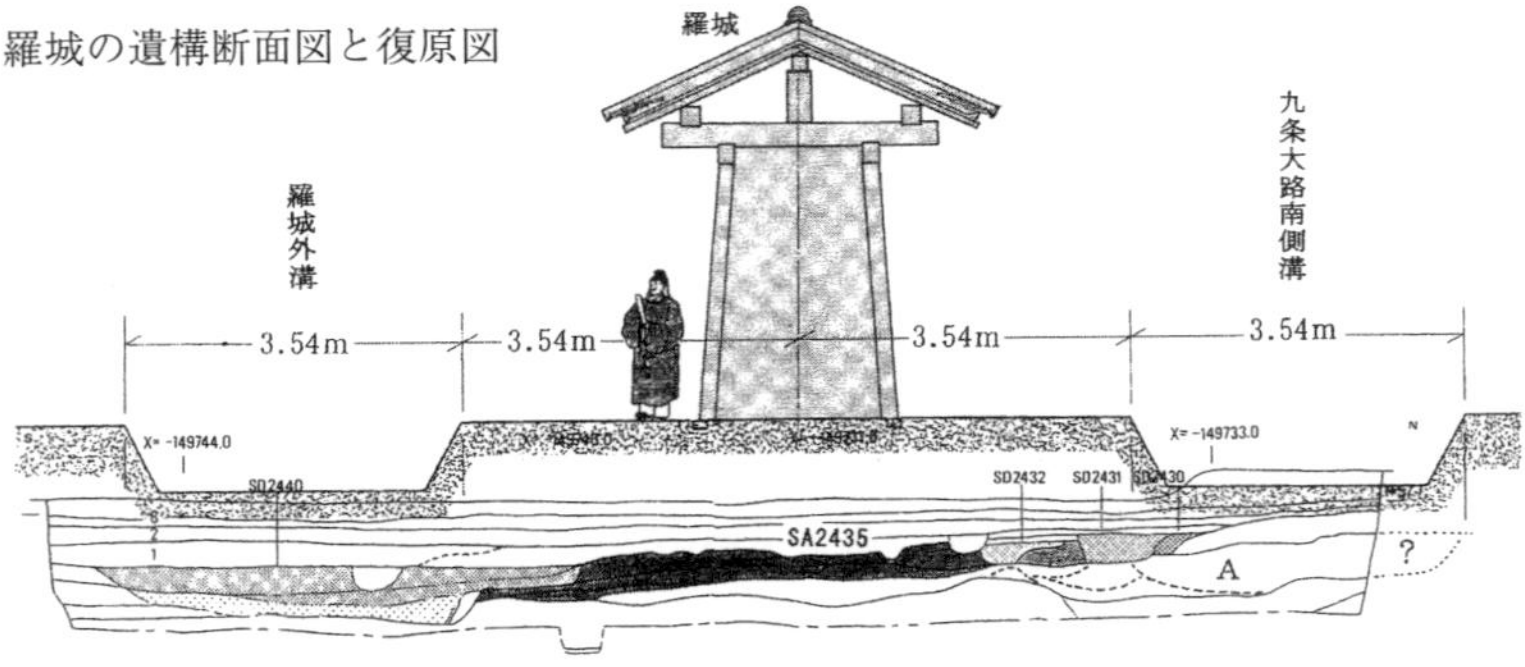

(井上和人『古代都城制条里制の実証的研究』学生社より)

水溝・下水としての役割である。平城京は総じて北が高く南が低いから、水は北から南へと流れる。京内には秋篠《あきしの》川や佐保《さほ》川などの、何本かの河川も流れている。また、左京には「堀河」と呼ばれる、人口の川も掘られていた。これらの河川と道路側溝が相俟って、平城京の汚水や汚物、そして「穢《けが》れ」を京外へと流し去っていたのである。

朱雀大路など主要な街路では、側溝の外側の控えの空間に街路樹が植えられていたと考えられている。『万葉集』の歌からは柳が植えられていたと考えられ、二条大路木簡の分析からは槐《えんじゅ》が植えられていた可能性が指摘されている（東野治之「二条大路木簡の槐花」『長岡京古文化論叢Ⅱ』一九九二年）。

条坊制

控えの外側は塀である。朱雀大路の両側は、土を堅固に付き固めて本体を構築し、その上に瓦葺きの屋根を掛けた築地塀《ついじべい》であった。その高さは約六《メートル》と推定されている。一方、こうした道路と宅地を区画する設備が明瞭でない場合がある。京の中心からはなれた場所では、簡便な区画施設に留まる場合もあったようである。

大路によって取り囲まれた一つの区画を「坊」と呼ぶ。坊が東西方向に並んだ、帯状の単位を「条」と呼ぶ。そして、これらには、平城京の北側と朱雀大路を基点として、順番に数字が振られる。坊の中は、条間・坊間路や小路によってさらに一六に分けられる。こ

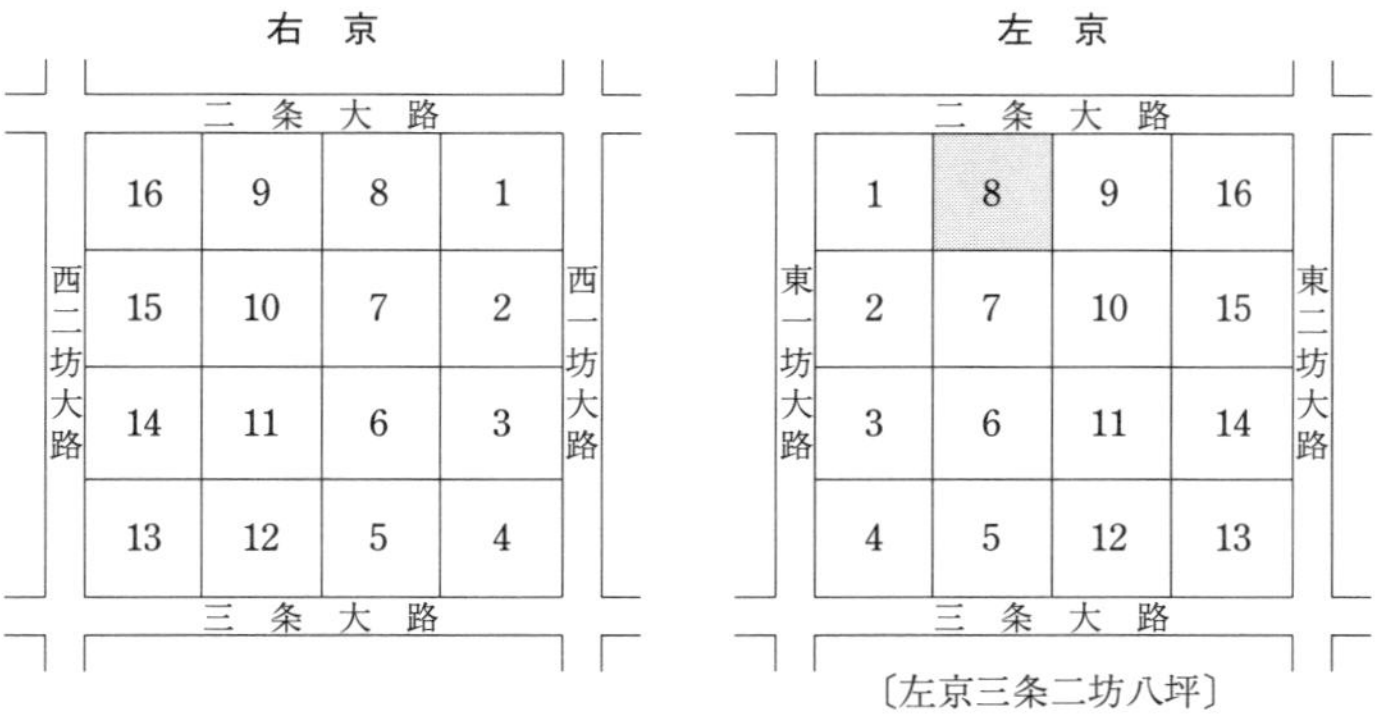

条坊説明図（舘野和己『古代都市平城京の世界』山川出版社より，一部改変）

の区画を「坪」または「町」と呼ぶ。この坪・町は、坊内で最も平城宮に近いマス目から南北方向に千鳥式に番号が振られる。また、各条の南側を画する東西方向の大路がそれぞれの条の番号と対応する大路であり、各坊の朱雀大路の反対側を画する大路がその坊の番号と対応する大路である。

たとえば、左京三条二坊八坪は、平城京の東半分（左京地域）で、北側から三列目の条のうち、朱雀大路から二つ目の坊の中、南北方向千鳥式に八番目だから、北端西から二つ目の坪ということになる。この坪の北側には二条大路が通り、東側には二坊坊間路が、西側には二坊坊間西小路が、南側には三条条間北小路が通るのである。

このような、グリッド状に大地を区画し、均質な空間を作り出して、その内部を支配する都城特有の空間構成・空間支配を「条坊制《じょうぼうせい》」と呼んでいる。日本古代には、田地をグリッド状に区画して均質化する「条里制《じょうりせい》」と呼ばれるものもあり、都城の条坊制と農村の条里制に共通する側面を見いだす見解も、あるいは両者の差異を強調する見解もある。グリッドによってある一定の空間を均質化する、という点では両者に共通する面も認められるが、同時に条里というシステムで均質的な空間構成と空間支配が進められていた日本古代で、条坊というそれとは異なる空間を創出した点は大いに重視しなければならない。都城という特殊空間を創出した意義と意味はすこぶる大きい。

制度的にも、京内の行政は特別である。左京は左京職《さきょうしき》、右京は右京職《うきょうしき》が管轄する。京外は大和国司《やまとこくし》の管轄であり、京内は特別行政区域である。天皇が行幸《ぎょうこう》する場合も、京内外の境界である羅城門《らじょうもん》で、京内側には京職の官人たちが並んで見送り、京外側には大和国司以下が並んで迎える。なお、左京・右京はそれぞれ通常の地方行政組織でいうと国に対応し、条が郡に、坊が郷に対応する。

左右京職の長官である左右京大夫《だいぶ》の官位相当は正五位上。一方、各国の国司の長官はというと、もっとも規模が大きい大国の場合でも従《じゅ》五位下。正五位上のポストとしては、首都防衛軍の一角を担う衛門府や衛士府の長官などがある。京内行政は、非常に重視されて

六位以下の有位者

11氷宿禰広万呂（参考：宮内のため不審），12丈部臣葛嶋，13大原真人今城，14阿刀宿禰田主，15槻本連大食，16奈良日佐牟須麻呂，17小治田朝臣豊人，18小野朝臣近江麻呂，19村国連五百嶋，20鳥取連嶋麻呂，21石川宮衣，22酒田朝臣三□，23間人宿禰鵜甘，24安拝常麻呂，25後部高笠麻呂，26葛井連恵文，27山部宿禰安万呂，28大宅首童子，29山部針間万呂，30漆部連虫麻呂，31於伊美吉子首，32丈部浜足，33上毛野公奥麻呂，34秦大蔵連弥智，35岡連泉麻呂，36車持朝臣若足，37赤染大岡，38尋来津首月足，39黄君満侶，40次田連東万呂，41秦常忌寸秋庭，42韓人田忌寸大国，43田上史嶋成，44幡文広足，45山下老，46上主村牛甘，47井守伊美吉広国

その他・不明

48坂本朝臣松麻呂，49倭史真首名，県犬養宿禰忍人，51奈良日佐広公，52新田部真床，53船木麻呂，54山辺少孝子，55日置造男成，56小治田朝臣藤麻呂，57石上部君鷹養，58秦人虫麻呂，59小治田朝臣弟麻呂，60丹波史東人，61大俣連山守，62丹波史東人（夫人），63百済連弟人，64犬上朝臣真人，65海犬甘連万呂，66楢磐嶋，67草首広田，68池田朝臣夫子，69丹比勇万呂，70息長丹生真人広長，71息長丹生真人常人，72市君船守，73民伊美吉若麻呂・財首三気女，74高史千嶋・高史橘，75三尾浄麻呂，76道守朝臣三虎，77直代東人，78他田舎人建足・桑内連真公，79布師首麻知麻呂，80陽胡史乙益，81海使養女，82占部忍男，83志斐連公万呂，84田部国守，85国覓忌寸薩比登，86出庭徳麻呂，87物部連族五百，88次田連福徳，89秦小宅牧床，90三上部麻呂，91細川椋人五十君，92寺史足，93三国真人磯乗，94三国真人国継，95箭集宿禰石依，96大宅岡田臣虫麻呂，97鞠智足人，98小治田朝臣比売比，99岡屋君大津万呂，100国百嶋，101茨田連豊主，102□□野麻呂，103桜井田部宿禰足国，104□□忌寸加比麻呂，105笠新羅木臣吉麻呂，106台忌寸千嶋，107高麗人祁宇利黒麻呂，108国覓忌寸弟麻呂，109大原史足人，110辛国連広山，111息長丹生真人川守，112敢国足，113葛井連恵文，114文伊美吉広川，115高向主寸人成，116息長丹生真人人主

いたのである。

この条坊＝街路で構成されるグリッドが、平城京の骨格である。この中に、役所や巨大な寺院、貴族の邸宅や全国からの人々の宿舎、下級官人の家や市場等が配されていた。

住人の住所

さて、その平城京の条坊に、現在までにわかっている居住者を落とし込んでみよう。どうも、貴族の邸宅の場所があまりわかっておらず、下級の役人たちの家の場所が目立つように思われる。これは、根拠となった資料の性格によるもので、下級官人たちの家はしばしば借金の抵当にはいっていて記録に残っているの

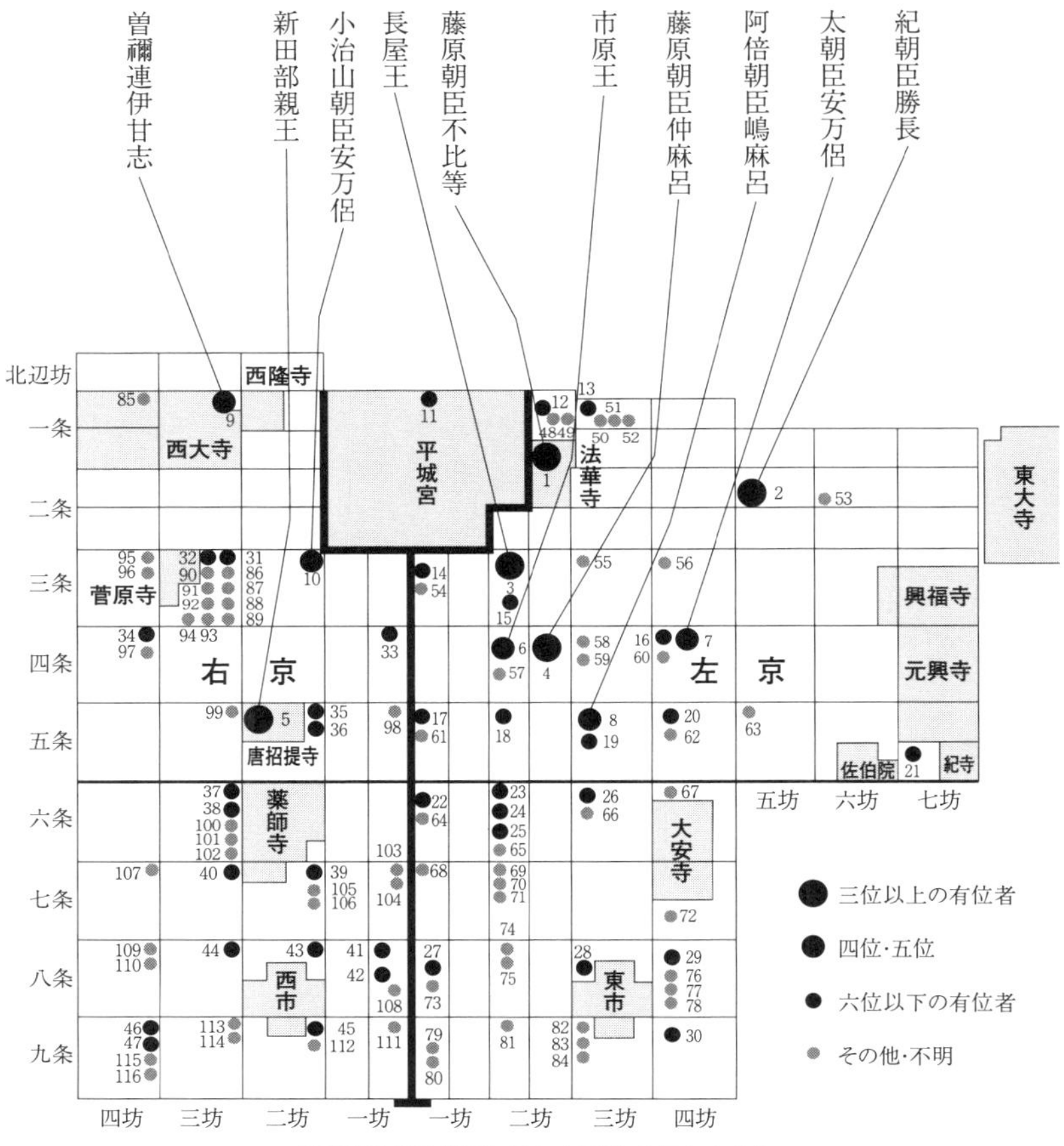

平城京内居住図（『なら平城京展』より）

である。また、坪（町）まで住所がわかっていないのは、法律的には坊までの記載で十分だったことが影響している。なお、発掘調査で邸宅や施設が見つかっても、そこが誰の邸宅かがわかる例は珍しい。

平城宮にはさきほど述べたような巨大な支配機構が存在していた。その頂点に立つ天皇やその家族、皇親、貴族たちは平城京内で生活していた。奈良時代の貴族が、都だけでなく各地の領地＝「ゐなか」にも拠点を置きつつ生活していた、と指摘されているが、主たる拠点は都にあったと考えられる。

この点は藤原京時代と大きく異なる。藤原京は貴族たちが古くから拠点を展開していた飛鳥《あすか》に隣接する。あえて京内に主たる拠点を移動させる必然性がない。しかし、飛鳥からはるか北、大和盆地の北端に都が移れば、本拠地も移さなければならない。古代の貴族たちは、遷都のたびに、その重心を旧来の本拠地から都城へと移動せざるを得なかった。平安京の時代には、彼らは完全な都市貴族へと変貌していく。

貴族たちは、たんにその家族だけで生活しているわけではない。家政機関が付属し、そこに勤務する人々も多くいた（家令《かれい》職員令）。貴族邸宅は、小型の平城宮であり、その組織は律令官司機構の小型版であった。貴族には身分に応じて家政機関の運営を行なう官人が配属される。また、「資人《しじん》」といわれる人々が国家から与えられる（軍防令帳内条）。資人はトネリの一種である。さらに下働きや、奴婢《ぬひ》たちも貴族邸宅で働き、暮らしていた。

貴族邸宅は、一町以上を占める広さが普通である。長屋王《ながやおう》は四町、藤原仲麻呂《ふじわらのなかまろ》に至っては六町占地と考えられている。立地も五条以北が多く、平城宮に近い。ただし、現在までのところ、一坊域には宅地は確認されておらず、朱雀大路に面するこの一坊の一画は、宅地の立地しない特殊地域であった可能性もある。一方、下級官人たちの家は、1/16町あるいは1/32町で場所も平城宮から離れた場所が多い。

平城京に本貫《ほんがん》をもつ人々を「京戸《きょうこ》」という。本貫地とは、現在の本籍地と似た響きをもつが、その重さははるかに大きい。制度上、奈良時代の人々は本貫地を離れることはできない。本貫地を離れれば、浮浪《ふろう》であり、逃亡《とうぼう》となってしまう。本貫地は、それほど重要な意味を持っていた。京内に本貫地がある京戸こそ、平城京の中心的住民である。

だが、下級官人たちの本貫地を調べてみると、京内に本貫地を持つ者は案外少ない（寺崎保広『古代日本の都城と木簡』吉川弘文館、二〇〇六年など）。役所勤めなど公的な理由で本貫地を離れたのであれば、浮浪だの逃亡だのとされることはない。京以外に本貫地を持ちつつ、平城京で仕事をする人物はかなり多かった（北村優季「京戸について」『史学雑誌』九三―六、一九八六年）。

ただし、そうした人々でも、京内に家を持っていた可能性はある。また、先ほど下級官人の家がわかる理由が、借金の抵当であることを述べた。だから、そこの家が現住所とは限らず、実際には居住していないが所有していた家、という可能性も残る。

平城京の人口は、かつて一〇万〜二〇万人ほどと考えられていたが、近年では五万人程度とする見解が有力である（寺崎前掲書など）。この「人口」というのもくせ者で、これまで述べた京戸だけを指すのか、それともある程度の期間京内に居住している者まで含むのか。また人口の推計根拠もいろいろで、なかなか決めがたい。住所といい、人口といい、わかりそうでわからないものなのだ。

邸内の空間

邸宅のほぼ全域が発掘調査された長屋王邸を例に、貴族邸宅内部の様子をうかがってみよう（『平城京左京二条二坊・三条二坊発掘調査報告』）。邸宅内部は大きく二つの空間に分かれる。長屋王一族の居住空間である内郭と、それを支えるバックヤード＝外郭である。

内郭は、大きく三つに分かれる。中央が長屋王自身の居住空間、西が妻・吉備《きび》内親王の居住空間と考えられている。東側の区画の性格は不詳だが、家政を取り仕切るような空間

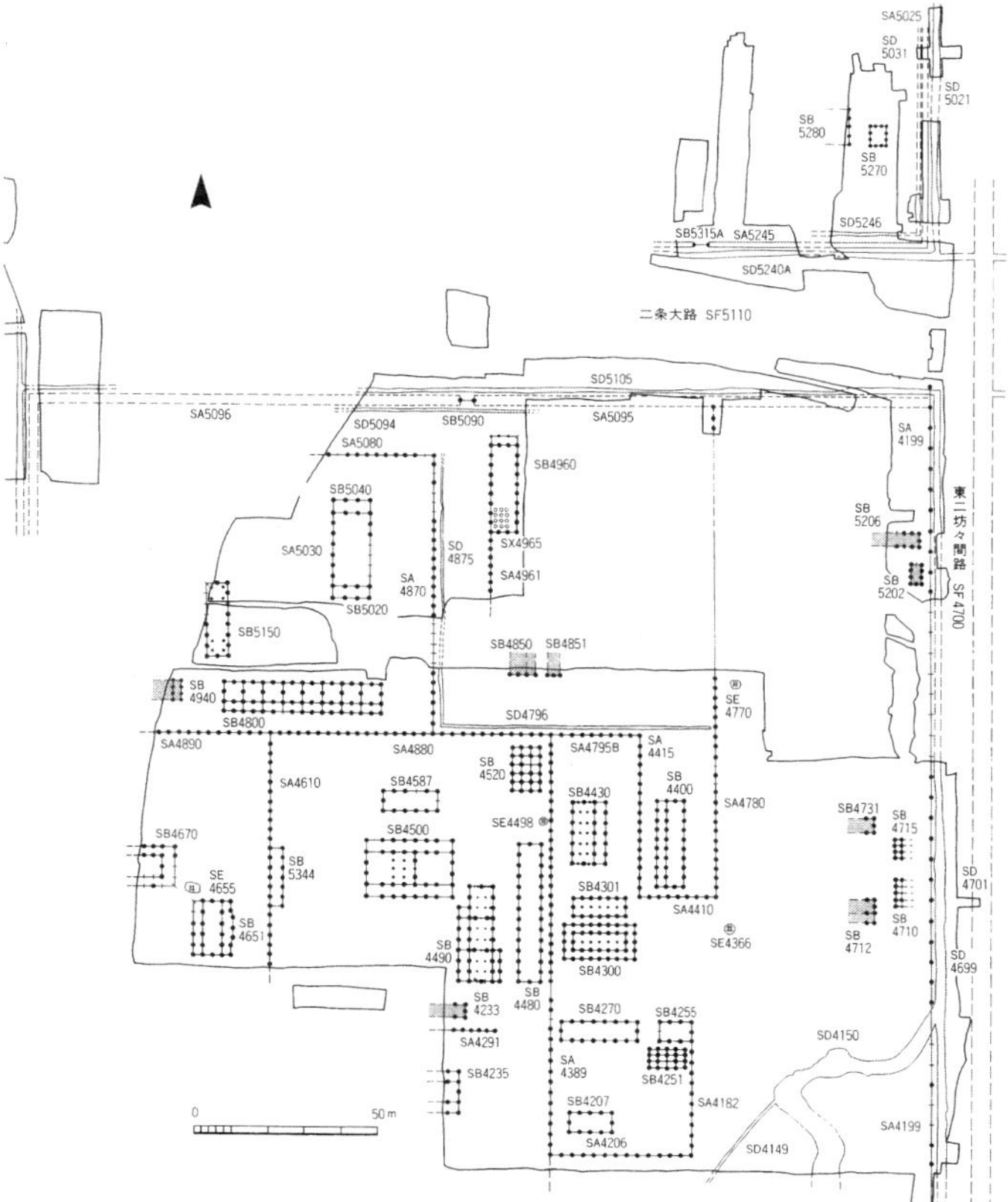

長屋王邸宅図（B 期）
（『平城京左京二条二坊・三条二坊発掘調査報告』より）

の可能性も想定できるかもしれない。中央の区画には、長屋王が大臣になった時期に整備された大型建物がある。大臣ともなれば、私邸内でも半ば公式の行事が行なわれる。そのための建物で、長屋王家の紫宸殿《ししんでん》か大極殿といった機能を果たしていたのだろう。一方、西の区画には苑池《えんち》が展開する。ゆったりとした後宮《こうきゅう》にふさわしいたたずまいである。

これらの内郭の建物群のうち、中心となる建物は床張《ゆかば》りである。大陸風の文化が花開く平城京であるが、日本風に床の上で暮らしていたらしい。そういえば、平城宮内の内裏《だいり》も床張りで掘立柱《ほったてばしら》・檜皮葺《ひわだぶき》という日本風の建物である。居住空間には、やはり皮膚感覚がなじむような、従来型の建物が好まれた、ということなのかもしれない。

外郭部分には、小型の建物や井戸などがある。長屋王家木簡には、長屋王家を支えるさまざまなセクションが出てくる。これらのセクションが、この外郭部分に展開していた。

内郭と外郭の二重構造は、平城宮内裏の構造とよく似ている。平城宮内裏は外郭を伴う。外郭内には内裏の生活を支える官衙《かんが》が展開し、内郭内が天皇の居住空間であった。そして、平城宮内裏と、長屋王邸を比べると、大きさも非常に近い。内裏外郭は、大極殿院を包摂する分若干南北に長いが、ほぼ長屋王邸と同じ大きさである。内裏内郭と、長屋王邸内郭もほぼ同じ大きさである。そして、内裏正殿《せいでん》と長屋王邸正殿はその規模や、梁行《はりゆき》が三間《さんげん》で三〇尺と広い点も含めてよく類似する。長屋王邸が飛鳥地方に散在していた王族の「宮」をそのまま平城京内にはめ込んだもの、だとしたら、宮の中の宮である「大王の宮」がそのまま平城宮内に配置されたのが内裏なのだ。天皇や皇族・高級貴族の生活は、程度の差はあるものの、共通の基盤の上に展開していた、ということができる。

さて、もう一度長屋王邸外郭部分に目を戻そう。すべての実務セクションが専用の建物や施設を整えていたとすると、外郭部分に収まりきるか、ちょっと不安である。さらに、発掘調査では倉庫群が発見されていない。富を蓄積し、分配し、家政を運営する上で倉庫群は不可欠だ。木簡でも米の支給に関わる木簡は実に多く出土している。邸宅内で米の支給が行なわれていたことが確実で、倉庫は必ずや、邸宅内のいずれかに存在したはずである。

倉庫にふさわしい遺構は、総柱建物である。長屋王邸宅内では総柱建物群は確認されていない。ごく普通の建物が倉庫として用いられている場合もあるが、その家政機関の巨大さ、富の大きさなどを勘案すると、やはり総柱の高床式《たかゆかしき》倉庫がほしい。候補となるエリアは北東の未調査部分、ということになろう。

だが、この未調査部分周辺では、金属製品の加工に伴う遺物が多く出土している。この出土状況を素直に考えれば、未調査地周辺に金属加工のセクションがあった可能性が高い。金属加工は当然火を使う。通常、倉庫は火から遠ざけるから、両者が近接する、という想定には違和感が残ってしまう。

そして、外郭部分の利用形態を考える上で、忘れてはならない施設が存在する。長屋王邸で働く人々の居住施設である。家政機関の中枢を担う、家令クラスともなれば、位階もそれなりに有する官人だから、京内などに家があったのだろう。だが、トネリたちや、仕丁、小子《しょうし》といわれる人々などは、邸宅内に泊まり込んで生活していたと考えるべきであろう。その生活の場は、外郭内、ということになる。

だが、倉庫もしかり、各セクションもしかりのように、外郭の利用形態は不明な点が多い。どのエリアが長屋王家に仕えた人々の居住空間なのか。北側に、棟割り風の建物があり、これが長屋状の宿舎であるとも考えられるが、たとえば馬小屋であっても似たような遺構になる。住む者が人か馬か、遺跡からだけでは絞り込みにくい。

ただ、この建物群のどこかに、彼らが寝泊まりした施設が紛れ込んでいることは、おそらく間違いないであろう。そして、他の貴族の邸宅にも、こうした施設があった。平城京に暮らす、居住形態の一つである。

下級官人の家

さて、下級官人の家の様子はどのようなものだろうか。先ほど述べたように、敷地面積は1/32町〜1/16町ほど。書類上では1/64町というものもある。敷地の形状は、細長い短冊状である。この敷地の中に、三〜四棟ほどの建物と、井戸、というのが、発掘調査成果も踏まえて復原された彼らの住宅の様子である（家原圭太「平城宮・京の建物規模と構造」、山中敏史編『古代官衙の造営技術に関する考古学的研究』奈良文化財研究所、二〇〇七年など）。

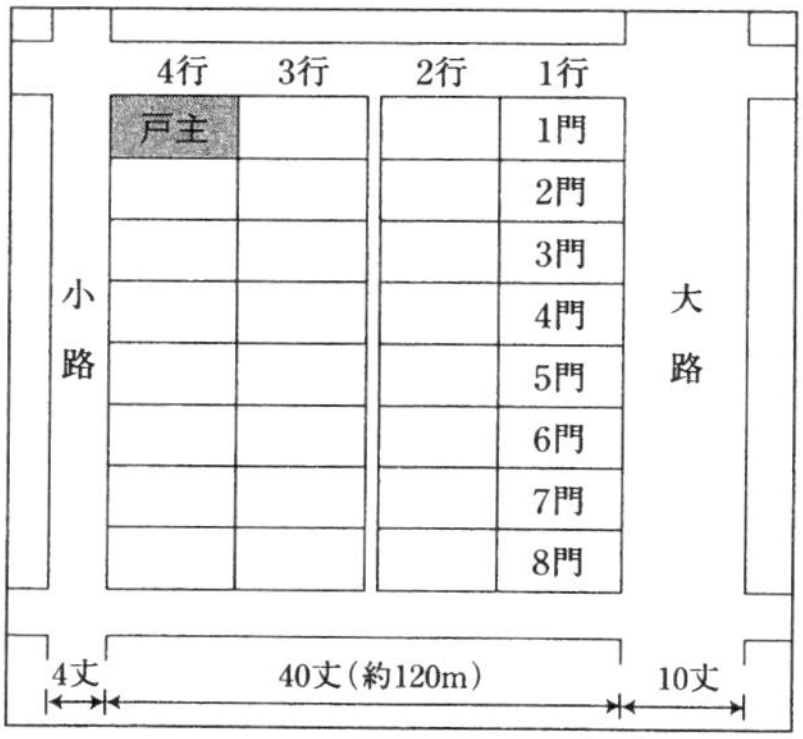

四行八門制による土地割り図（舘野和己『古代都市平城京の世界』山川出版社より）

では、発掘された彼らの家を訪ねてみよう。左京九条三坊一〇坪といえば、平城京も南端部分に程近く、またかなり東の方の区画である。平城宮最寄りの門は壬生《みぶ》門だが、そこまで四キロ以上ある。江戸時代でいえば一里。不動産ルールで表記すれば徒歩約五〇分。ただ、この坪にはちょっと変わった特徴があって、坪の中央を、東市に通じる運河・東堀河《ほりかわ》が南北にぶち抜いている。

奈良時代、といっても七〇年ある。その中での変化もあるが、奈良時代の後半の様子を中心にみてみよう。先ほど述べたように、この左京九条三坊一〇坪は、その中央を南北に堀河がぶち抜いている。その東側が、短冊状に八等分され、東西に細い区画が作られている。この場合、一つの区画は1/2×1/8で1/16町となる。一つの坪を、東西方向に二分割して南北二列とし、そこにそれぞれ八つの区画が開くことから、「二行八門」とも呼ばれる区画方法である。なお、平安京では、東西方向に四分割して四列とし、そこに八つの区画が作られる「四行八門」が基本的な区画となる。

さて、この左京九条三坊一〇坪では、1/16町をさらに東西に分割して、1/32町の区画としている部分もある。ところが、通常であれば道路があるはずの坪中心に運河があるため、東西二分割した奥側の区画は道路に接続できなくなる。そのため、ここに通じる路地をつくって、通路を確保している。

この最も奥まった、そして最も小規模な宅地の面積はおよそ一五〇坪ほどで結構広い。そこに、二棟の建物が確認された。一棟は東西四間以上、南北二間の東西棟建物。これが主屋であろう。もう一棟確認されているのが三間×二間の南北棟建物。附属的な建物と考えられる。どちらも掘立柱建物で、おそらくは板葺きだったであろう。床張りの痕跡は確認できていない。調査区内では井戸は確認できていないが、隣接する区画の例から考えて

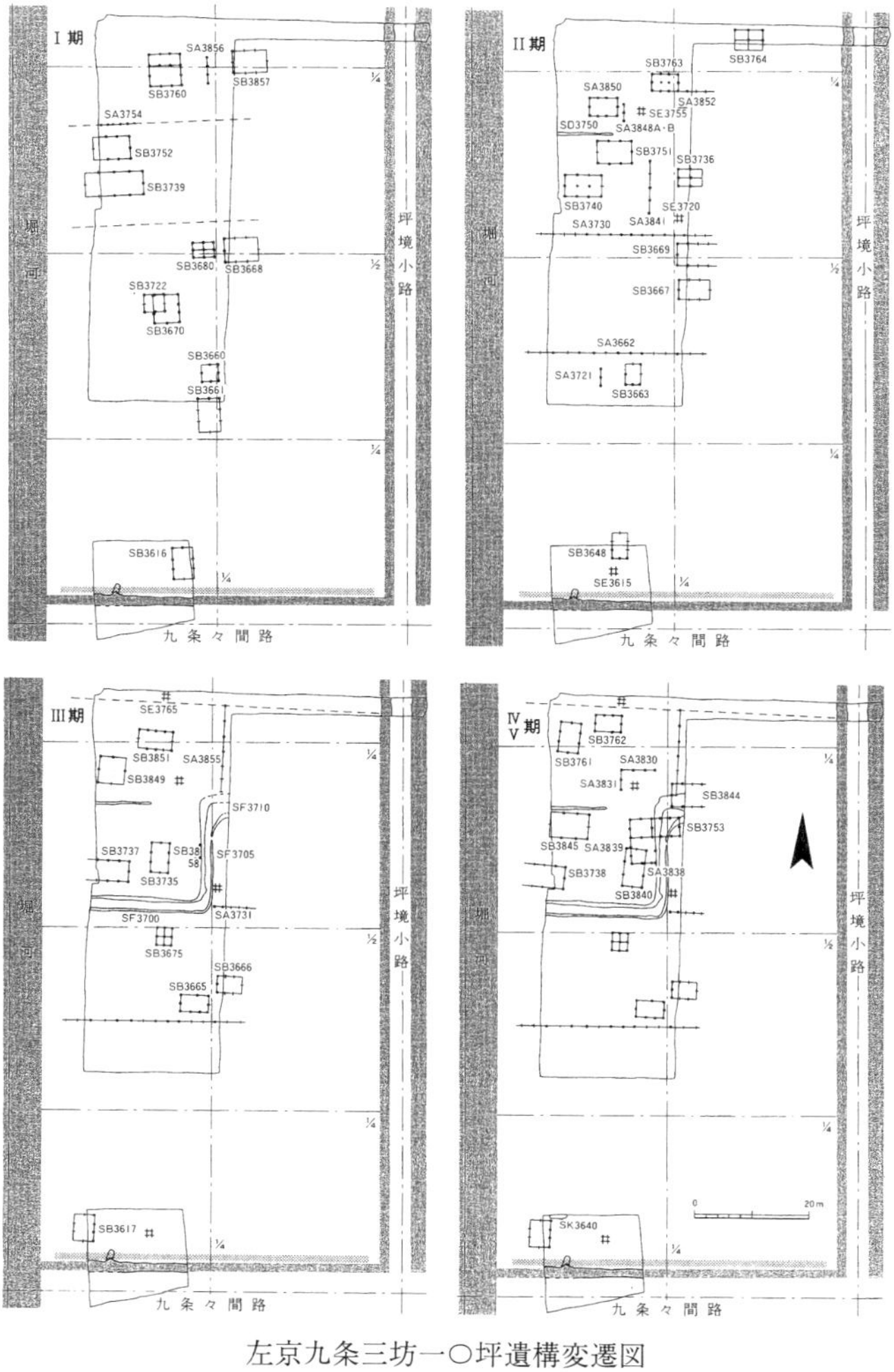

左京九条三坊一〇坪遺構変遷図
(『平城京左京九条三坊十坪発掘調査報告』より)

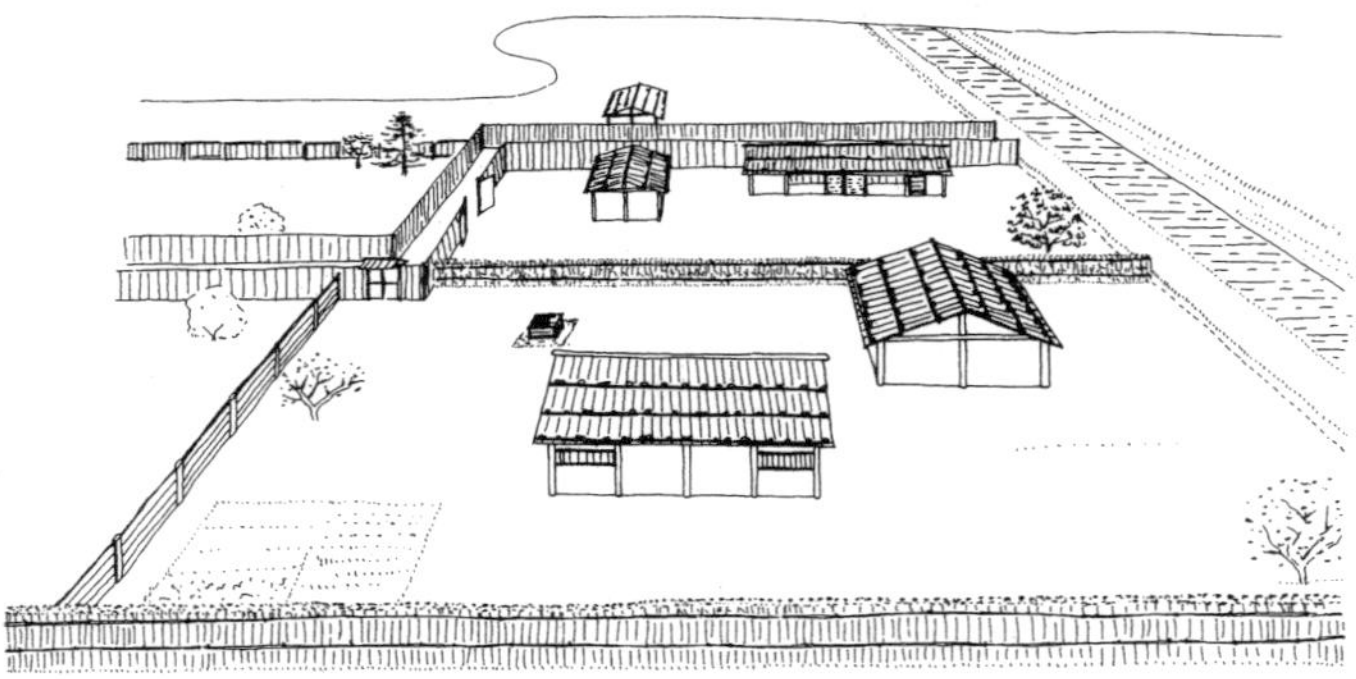

左京九条三坊一〇坪復元図
（『平城京左京九条三坊十坪発掘調査報告』より）

も、おそらく未調査地に掘られていたのであろう。周囲には柴垣がめぐり、宅地の入り口には、ささやかながら門が開いていた。未調査地もあり、もう一棟ぐらい建物が建つ余地はある。また掘立柱ではなく、土台式の建物があれば検出は難しいから、若干にぎやかになる可能性もあるが、およそこれが、この1/32町の宅地の光景である。

この家で何人が生活をしたのか。一〇人程度、という想定もあるが、正確なところはわからない。休暇願で理由となっている親族には両親や義理の両親、叔父等もみられるが、妻子が比較的多い。夫婦と子供と、若干の親族、という程度で、五、六人というあたりが妥当ではないだろうか。

さて、この建物のどこに誰が住み、どのように使われたのかとか、建物の中のしつらえなどとなると、とんとわからない。出土遺物からわかる範囲から垣間見られる彼らの家庭内の財産は次のような具合である。

日常的な道具は土器類など、特に膨大、というほどではないが、それなりに出土している。食器と見られる土師器《はじき》・須恵器《すえき》の皿や椀の類や、煮炊きに使われたと見られるナベや瓶《かめ》のほか、蓋付きの合子《ごうす》や首の長い壺など、なかなか多彩である。しゃもじや櫛《くし》も発見されている。生活必需品として揃えていたのであろう。また、鍬《くわ》や砥石《といし》が出土していることも興味深い。宅地内の空閑地で農作業をした可能性が想定されているが、鍬はそうした場面で用いられたのであろうか。

さらに、豪華な施釉《せゆう》陶器も少数ながら発見されている。食器類の土器も、それなりに品質のよいものが多いようだから、小規模宅地とはいえ一通りの道具を、それなりの水準で揃えていたらしいことがうかがわれる。

木製品やら布製品などは、土の中では残りにくい。また、使える道具は引っ越しの時に持っていったであろうから、発掘で見つかるよりも、多くの家財を使いながら生活していたであろう。泥棒に入られた際の被害届が残っている（大日古一―六三四）。それによれば、櫃《ひつ》の中におさめた役人としての正装用制服一式のほか、日常の衣類一式などが盗まれ、衣装持ちにはほど遠いが、着た切り雀でもない程度の衣服を持っていたことが知られる。

あくまでも盗まれたもののリストだから、家財全体を網羅したものではない。だが、泥棒にとって魅力的だった品々、ということは、軽くて単価が高いものである。一方、おそらく発掘で見つかるものはむしろその逆の品々が中心である。両者を併せると、およそ彼らの生活水準が見えてくるだろう。

勤務用の制服と、そのほかの服合わせて二〜三組程度、皿や椀、ナベ、しゃもじなど食器一揃え、そのほか櫛やら雑具一式。これらを納める簡単な家具類。慎ましいといえば慎ましく、それなりに揃っているといえば揃った、そんな家の光景である。

平城京の景色

奈良市役所に行くと、平城京の復元模型がある。京内のかなり隅々まで家屋が建ち並んでいる。発掘調査では、比較的建物が希薄な地域もあるから、これほどで建物が密集することはなかったかもしれない。ただし、これまで「建物はなかったろう」と推定されていた西の丘陵部分でも建物が発見されたりしているから、それなりに家屋は建っていたらしいこともまた確かである。

この模型にせよ、しばしば目にする平城京内を復原したCG（コンピュータ・グラフィックス）にせよ、共通する問題点がある。復原根拠云々というような難しい話ではない。

「視点」の高さである。模型は当然上からみる。ＣＧも、復原想像図も、やはり視点はかなり高い。道を歩く人々の視点から描かれたものは、まずない。

そこで、朱雀大路を歩いたらどういう景色がみえるか、検討してみた。すると驚くべきことに、ほとんど「何も見えない」のだ。幅一〇〇メートルを誇るとはいえ、両側に高さ六メートルの築地塀がそびえると、周辺の視界は徹底的に遮られている。みえるのは朱雀門と、その奥の大極殿ぐらいである。平城京内の視界は、意図的にコントロールされていた。平城京の街路を詠んだ万葉歌は、せいぜい柳ぐらいしか風景として歌い込んでいないが、それもそのはず、何もみえないのである。

一方、この何もみえない道路たちは、今日じつに「よくみえる」。平城京の条坊は、今日の道路に踏襲されているものも多い。また、地図上は全くみえない朱雀大路も、航空写真でみると明瞭にその痕跡が確認できる。藤原京が、ほとんど地上に痕跡を残さないのとは対照的である。

朱雀大路の南部分は、現在は佐保川の流路となっている。羅城門跡の場所には、京極大路を踏襲する現代道が佐保川を越える橋がかかる。この橋は、ＪＲ線を越える高架橋から連続しているため、地表よりかなり高く、見晴らしがよい。ここから北をみると、復原された朱雀門と、その奥にそびえる大極殿を望むことができる。一方、東北方向をみると、興福寺《こうふくじ》五重塔と、それを圧するような東大寺大仏殿の甍《いらか》が重なる。

平城京域を歩いてみると、さまざまな発見がある。ここでは、何気ないものがじつは奈良時代の痕跡だったりするのである。そしてその痕跡を残したのは、全国から集められた、数多くの人々であった。

彼らの息づかいは聞こえるだろうか？

望郷の平城京

平城京の街角で出会える人々のうち、いく人かの様子を見てみよう。むろん、都大路《みやこおおじ》には颯爽《さっそう》と歩く貴公子もいたし、ふんぞり返る高官たちも珍しくはなかったろう。ここでは、どちらかというと街角でも端の方を歩いているような面々をご紹介したい。

衛士と仕丁

「動く」人々の存在が、平城京の人口をわかりにくくしている材料の一つなわけだが、京外に居住する下級官人以外で大きな数になるのが、衛士《えじ》・仕丁《じちょう》と呼ばれる人々である。農民兵、とはすこしいいすぎであろうか。なんとなく、「五衛府《ごえふ》」という言葉から首都防衛軍は十把一絡《じっぱひとから》げにされがちだが、その構成員の様相はずいぶん異なる。兵衛府《ひょうえふ》の軍事力を構成する兵衛は、「つはもののとねり」という和訓からも知られるように、「トネリ」であり、律令官人の末端に連なる身分である。ちゃんと勤務すれば勤務評定も受けられる。下級官人や郡司《ぐんじ》の子弟がその出身母体である（軍防令兵衛条・内六位条）。奈良時代半ば以降に設置された中衛府《ちゅうえふ》や外衛府《がいえふ》なども同様である。

衛門府《えもんふ》に配属された門部《かどべ》は「負名の氏《おいなうじ》」と呼ばれる氏族集団から出るのが通例である。代々宮殿の警護に当たってきた、そういう人々であり、やはりたんに徴兵されてきた兵士とはわけが違う。門部は衛門府の指揮官・下級将校であった。

これに対し、衛門府と衛士府に配属され、その軍事力の中核を担った衛士は、全国の軍団に徴兵された兵士から選抜されて都へと連れてこられた人々である（軍防令兵士上番条・兵士向京条）。数としては、首都防衛軍の中でも最大の規模をほこるのだが、戦力としてはどうも今ひとつだったらしい。本来は軍事目的以外の雑用には従事しないことになっているのだが、出土木簡をみていると土木工事をはじめ、ずいぶんいろいろな雑用に駆り出されている（平城宮―三二六四）。

しかも、律令規定では一年交替なのに、実際にはそうではなかったらしい。『続日本紀』は、諸府の衛士たちの示し合わせての逃亡が、抑制できないことを述べ、その理由として「壮年にして役に赴き、白首《はくしゅ》して郷に帰る。艱苦弥《いよいよ》深し」と記す（養老《ようろう》六年二月二十三日条）。壮年に衛士として上京して、白髪頭の歳になってようやく故郷に帰ることができるというのだから、随分長く都から帰ることができなかった。そしてこの時に、せめて三年交替に、という規定となった。律令規定の一年よりも負担は大きいが、それがまったく守られていない状況であれば、三年交替の方がまだまし、といったところだろうか。

軍務ではなく、平城宮内や役所での雑用のために全国から集められた人々が仕丁である。こちらは最初から雑用だから、下働きとしてこき使われている。五〇戸ごとに一人というから、郷ごとに一人という勘定である。また、仕丁一人につき廝夫《かしわで》という食事係がつく。これもやはり各地から徴発され、仕丁一人に廝夫一人だから、こちらもやはり郷ごとに一人である。郷側からみると、仕丁と廝夫の計二人を、都での雑用係として徴発されたわけである。仕丁と廝夫は、律令規定では三年交替（賦役《ふやく》令仕丁条）。

衛士・仕丁らはどこに泊まり込んで暮らしていたのか。文献には確たる資料が残っておらず、なかなか難しい。平安京には「諸司厨町《しょしくりやまち》」という一角があって、各地から都に働きに出てきている人々の宿舎となっていた。平城京でもこうした宿泊所は当然必要で、何らかの施設が整備されていたであろう。発掘調査で発見された平城京内の一角が、衛門府の宿舎に該当する可能性が指摘されている。左京七条一坊一五・一六坪である。衛門府所属でこうした宿舎を必要とするのは主として衛士だろうから、衛士の宿舎ということになる。残念ながら、具体的な宿所の建物などの様子は確認できていないが、こうした施設が平城京内に整備されていたと考えられる。

国元と都と

さて、仕丁はその出身国の名称で呼ばれることがあったようだ。江戸時代の人足たちも出身地を通称としていたらしいから、何となく似ている。「美濃公、調子はどうだい?」「なんの、駿河には負けねえよ」というような明るい会話だったかはわからない。いや、ばらばらの出身地では会話も困難だったろう。『万葉集』でも「東歌《あずまうた》」の言葉は独特である。

そのためか、仕丁たちは出身国ごとにまとまって行動した場合が多いようだ。平城宮内の整地土中から木簡が出土することがある。整地土とは、要するに地盤整備のための地ならし、積み土である。ここに木簡が入るということは、整地作業中に捨てられたということだ。だから、整地土出土木簡には、整地作業や造営に関わるものがしばしばみられ、また米の荷札も多く混ざっている。労働者たちに支給された米につけられていたと考えられるのだが、注意深く検討すると、その米を差し出している地域に偏りがみられる場合がある。労働者たちの食費が国元持ちで、しかも木簡がついてきた米が労働者の食料用で、さらに消費された場所で捨てられたとするならば、この偏りも労働集団と対応する可能性が考えられる。つらい労働の中で、同郷人とともにいることは、せめてもの慰めになる側面もあったろう。だが一方で集団逃亡を誘発しやすくした可能性も否定できない。実際、仕事のつらさや故郷恋しさからか、逃亡した衛士や仕丁は多かった。木簡や正倉院文書《しょうそういんもんじょ》でもリスト化された仕丁の名前に「逃」と注記したものがままみられる。

また、平城遷都直前のことであるが、『続日本紀』和銅《わどう》二年（七〇九）十月十四日条では、畿内や近江《おうみ》国の有力者が、逃亡仕丁を匿《かくま》って自分のところで働かせていることが指摘されている。仕丁たちの逃亡もさることながら、逃亡者を有力者が抱え込んでいる。こうした素地があれば、逃亡は決してたんなる逃避ではなく、積極的に運命を切り開く選択としても存在しえたかもしれない。だが、逃亡が流民への第一歩であったことも確かである。

さて、衛士・仕丁の食費をはじめとする生活費は国元が負担し、都まで送ってくる。順調に送られるうちはよいのだが、ともすると滞ることもあったようで、本人は気が気でなかったろう。都ではるか故郷を思い出すのは、望郷の念のみならず、今日明日の生命維持のためでもあった。

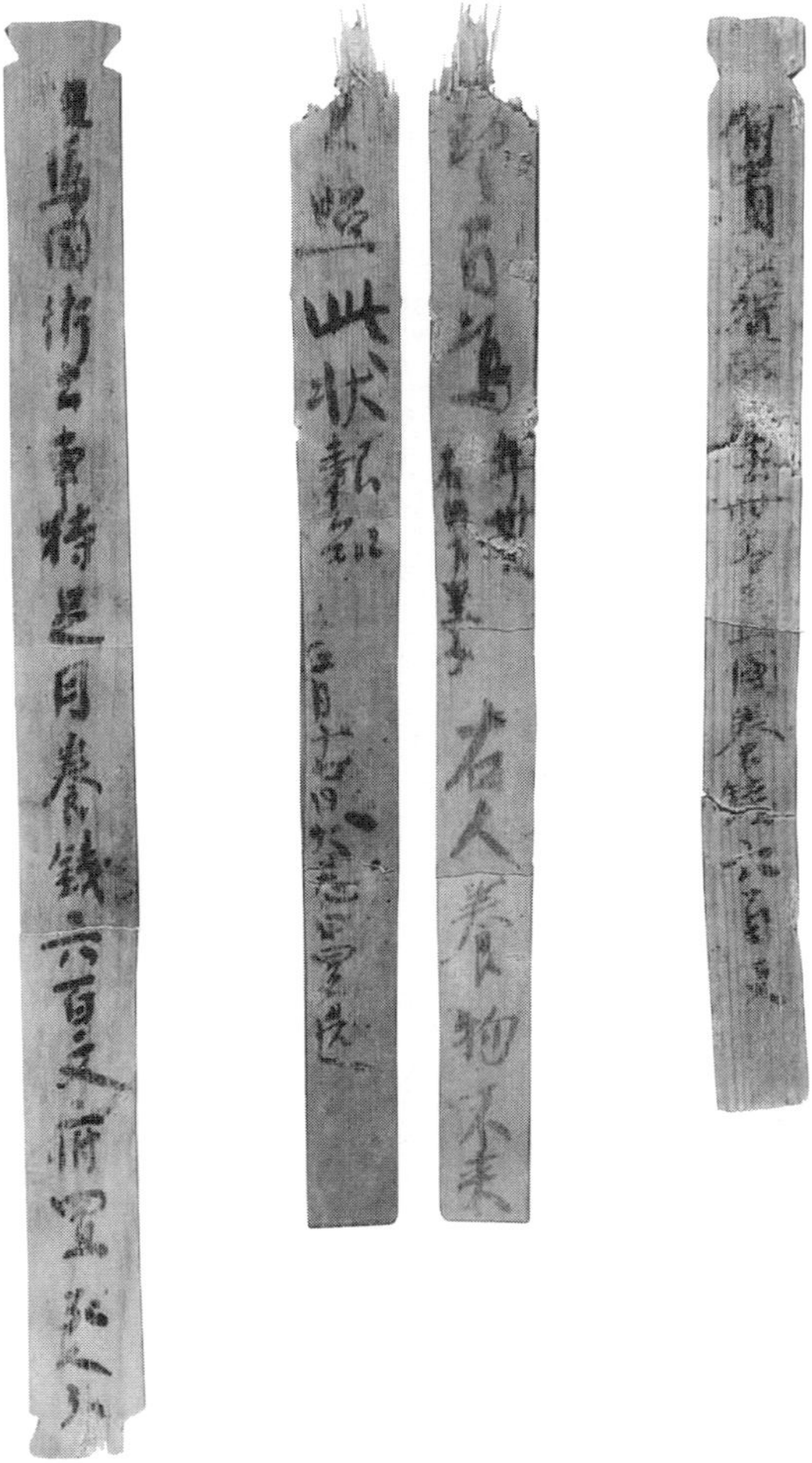

養銭木簡

はるかに思い起こされた故郷の方でも、送り出した衛士や仕丁が無事つとめているか、帰ってくるかは、家族はもちろん、ムラの一大重大関心事であった。逃亡したり、死亡したりしたら、代役を出さなければならない。役所に保管してあった「死人分」の養銭の付札もある。都に連れ出され、そこで死んでしまった人は確かに存在した。

逃亡する仕丁たち

逃亡者が続出していたことは、すでに述べた通りである。天平宝字《てんぴょうほうじ》五年（七六一）の晩秋、甲斐《かい》国巨摩《こま》郡栗原《くりはら》郷に暮らす漢人《あやひと》部千代はいつもと変わらぬ日々を送っていた。三十二歳の働き盛りである。盆地の南にそびえる富士山の影がすこしずつ長くなって、早い山国の冬の足音を感じ始めていたそのころ、彼の人生を大きく変える連絡が甲斐国府へと送られていた（大日古四―五二四）。

彼と同郷、栗原郡から都へ送られていた仕丁・漢人部町代が逃亡したのである。直ちに代替要員の確保が命令された。命令を出したのは、仁部省《にんぶしょう》である。この時代、藤原仲麻呂《ふじわらのなかまろ》が、民部省を改名していた。さんざんこき使った仕丁が逃げたからすぐに次を連れてこい、というのだから、役所名の「仁部」とはどうもしっくりこない。

九月三十日付けで発行されたその命令は、おそらくは十月半ばには甲斐国に到着した。早速代替要員の確保が行なわれ、撰ばれてしまったのが漢人部千代である。逃げたのが漢人部町代、今度撰ばれたのが漢人部千代、姓が同じだけでなく名前も「代」という文字が共通しているから、ごく近親者だったのだろう。兄弟か、いとこあたりかもしれない。

漢人部家以外の人にとっては、「お宅の不祥事なんだからそちらで解決してください」とでもいう気分かもしれない。一方、二人の働き盛りを徴発《ちょうはつ》されてしまい、今生《こんじょう》の別れともなりそうな事態に直面した漢人部家の人々の嘆きはいかばかりであったろうか。

暮れも押し迫った十二月二十三日、彼は都留《つる》郡の役人に連れ立たれて都へと旅だった。石山院奉写大般若経所という写経機関で、下総《しもうさ》国出身の久須波部広島や矢作《やはぎ》真足、出雲国出身の多米《ため》牛手らと一緒に働いた（大日古五―一三八）。だが、一年も経たない天平宝字六年九月十三日、漢人部千代は石山院から逃亡した（大日古五―二二七）。

他の三人はその後も勤務を続けているから、四人で語らっての逃亡というわけではないらしい。とにかく、千代は逃げた。残念ながら、この後三度甲斐国の漢人部家に災難が降りかかったのか、それとも別の家へと移ったのかは資料が残っていない。だが、いずれにせよ、新たに誰かが徴発され、都へと送られたことは間違いないであろう。

逃亡した衛士や仕丁の代役が各地から送られていた様子は、資料に多く残る。逃亡と代替要員の貢上の繰り返しは、甲斐国に限らず、全国のあらゆる地域で起きていた。逃亡の連絡はひっきりなしに送られ、次々と補充が送り込まれた。

家族から徴発されなかった、と安心してはいられない。明日は我が身なのである。

奴の逃亡

平城京から国元へと逃げたのは、衛士や仕丁だけではなかった。奴婢《ぬひ》たちも、国元へと逃げていた。天平勝宝二年《てんぴょうしょうほう》（七五〇）に但馬国《たじま》から平城京へと送られた奴婢たちの例をみてみよう。

天平勝宝元年九月十七日、藤原仲麻呂は、孝謙《こうけん》天皇の勅命を伝えた。内容は、十五歳以上三十歳未満で容姿端麗な奴婢を諸国からかり集めよ、というものである。造営の進む東大寺に施入《せにゅう》するためであった。命令は太政官《だいじょうかん》から民部省を通じて諸国へと伝達された。

この命令を受けて、但馬国では奴三人と婢二人を調達した。池麻呂と糟麻呂《かすまろ》は、その中の二人である。二人とも年齢は二十四歳で、同じ出石郡《いずし》出身であった。値段も同じく稲九〇〇束であるから、容姿の麗しさも同じぐらいだったろう。翌年の天平勝宝二年正月八日、二人は十五歳の奴・藤麻呂と、十九歳の婢・田吉女、十七歳の婢・小当女《こまさめ》と計五人で平城京へと連れられ、十七日には東大寺へと送られた（大日古三―三五五）。容姿端麗な奴婢を、という勅命だから、五人ともかなりの容姿だったに違いない。年ごろの池麻呂・糟麻呂が田吉女・小当女にどぎまぎしたり、初めての大都会・平城京で目を回したり、という様を想像したくなる。だが、彼らは売買された自由のない奴婢であり、平城京の巨大さは、のしかかる不自由さと苦しさの大きさを示すように感じられたかもしれない。

二月二十六日、池麻呂・糟麻呂の姿は、東大寺ではなく但馬国にあった。逃げて但馬に戻ってきたのである。勅命によって送り出した奴が戻ってきてしまうという大失態に、但馬国では大あわてで本人の身柄を確保し、平城京へと再送する準備を行なった。

三月六日には、糟麻呂のかつての主人、大生部《おおふべ》山方が二人を平城京へと引き連れて、再び東大寺へと送られた（大日古三―三七六）。道すがら、何を話したのだろうか。都での苦しい生活と労働を必死で語ったのだろうか。二度と戻ってくるな、と説得したのか。あるいは、何も語らなかったのか。

やれやれ一件落着、と思っていたら、四月二十五日に藤麻呂が但馬に戻ってきてしまう。今度も大騒ぎで、藤麻呂はかつての主人に連れられ、五月九日には平城京へ、東大寺へと送り返されていった（大日古三―三九二）。都に送り出した奴三人が、みんな逃げ帰ってきてしまったのである。但馬国では役人たちが頭を抱えていたに違いない。

だが、まもなく、さらに驚くべき連絡が東大寺から但馬国に届いた。藤麻呂を送っていった土師部《はじべ》美皮加志が、藤麻呂を受け取ったという内容とともに、とんでもない内容が書かれた書類を持ち帰ったのである。なんと、池麻呂と糟麻呂が三月十六日に再び逃亡した、というのだ（大日古三―三九四）。藤麻呂の場合では、但馬国の書類が五月九日付け、東大寺の返事が五月十三日付けだから、但馬国を出発して平城京に着き、東大寺で確認を受けるまでに要した期間は四日ほど。その例から考えると、三月六日に国元をたった二人が東大寺に入ったのは三月十日ごろ。わずか六日後には再び逃亡したわけである。

六月二日、糟麻呂は再び但馬国で身柄を確保され、六月二十六日には旧主山方に連れられて上京することになる（大日古三―四〇七）。このときの但馬国の書類には「此《ここ》に今月二日をもって逃げ来たる」とあきれ気味に記し、東大寺に対してはどうかお納めくださいというように遠慮気味に記している。

東大寺でもさすがに哀れと思ったのか、それともこの脱走癖のある二人組に嫌気が差したのか、糟麻呂と池麻呂を本《もと》の主の元に返す決定をする。そして、糟麻呂を平城京まで連れてきた山方に、その旨を記した書類を託し、糟麻呂をそのまま連れて帰らせた（大日古三―四〇九）。この時点で、池麻呂の身柄は確保されていない。糟麻呂と行動をともにして、途中で事故にあったならその旨の注記がありそうだから、逃亡の途中で袂を分かったのであろう。どこかでのたれ死んでしまったのか、新天地にたどり着いたのか。

ただし、山方に託された、造東大寺司《ぞうとうだいじし》から但馬国への書類には、「代わりの奴を連れてこい」とも記されていた。衛士や仕丁の場合と同じく、誰かが代わりに犠牲となる。さて、但馬からの奴婢五人のうち、奴三人は逃亡し、特に二人は逃亡を繰り返して一人は国元に帰ることができた。やんちゃな男の子に比べ、女の子二人がおとなしかったか、というとそうではない。

連れだって逃げた婢

天平勝宝三年（七五二）五月六日、下総国香取《かとり》郡で不審な二人連れの身柄が確保された。捕まった一人は香取郡出身の稲主売《いなぬしめ》という婢であった。そして、彼女とともに逃げてきたのは、但馬国二方《ふたかた》郡出身の、古麻佐売という十九歳の婢であった（大日古三―五〇二）。

古麻佐売こそ、天平勝宝二年正月に但馬から平城京へと送られた小当女に違いない。文字は違うが発音は「コマサメ」で同じである。彼女は文字など書けなかっただろうから、香取郡の役人が彼女の名乗る音を聞いて文字を充てたのだろう。頰にほくろがある、という特徴も共通している。年齢が、天平勝宝二年の書類で十七歳なのに、今回の天平勝宝三年の書類では十九歳で、ちょっと食い違う。ただ、天平勝宝二年に但馬から平城京へと送られているが、但馬国府で帳簿を元に購入したのはその前年、天平勝宝元年だろうから、その時点の年齢がそのまま書かれてしまったと考えれば矛盾はない。

彼女は、なんと、故郷の但馬ではなく、反対方向の東国の、それも当時としては地の果ての下総へと逃げてきていたのである。

香取郡司から身柄を引き渡された下総国で取り調べが行なわれた。二人は、四月一日に法華寺《ほっけじ》から逃げ出した、という供述をした。但馬国からの奴婢五人は、最初はまとめて東大寺へと送られたようだが、奴はその後主として造東大寺司で働き、婢は尼寺の法華寺に送られた様子である。送られた先で知り合った稲主売と小当女は、そこで親しくなり、ついには稲主売のふるさとへと、ともに逃げ出した。

結局、二人とも平城京に送り返されることになってしまった。法華寺を四月一日に抜け出し、下総で五月六日に捕まるまでの約一ヵ月、二人はどのように過ごし、旅をしたのであろうか。小当女はなぜ故郷但馬を棄て、下総を目指したのだろうか。そういえば、先ほど行方知れずとなった池麻呂も、こうやって新しい落ち着き先を見つけたのだろうか。糟麻呂は平城京で三月十六日に脱走して、但馬で捕まったのは六月二日である。随分時間がかかっている。この間に池麻呂と仲間割れをしたのだろうか。それとも、旧主の山方たちに、こっそり匿まわれていたのであろうか。

さまざまに想像がふくらむが、歴史家の手には余るようである。この先は読者諸子の想像力に任せるとして、二点注目しておきたい。一つは、女性二人がはるか遠くの下総まで逃げおおせたという事実であり、あるいは繰り返し但馬まで逃げおおせたという事実である。こうした逃亡劇は、律令制支配による交通網の整備や、人々の往来の増加といったことが背景にあって可能になったのである。

そしてもう一つ、稲主売と小当女の出会いである。この二人は、元来縁もゆかりもなかった。普通に出身地で暮らしていれば、出会うこともなかったはずだ。そんな二人を出会わせ、結びつけ、運命をともにさせた場所が、平城京であった。律令国家は、人も、物も、富も、情報も、平城京に集中させた。彼女たち二人も、そうした力によって、本人の意思とは関係なく強制的に連れてこられた。だが、その強制が新たな出会いを生みだした。盛んな都鄙《とひ》の往来が律令国家を支え、都を都たらしめていた。平城京を彩るさまざまな顔ぶれは、日本全国の人々と表裏一体なのである。

たけしば伝説

『更級日記《さらしなにっき》』に、「たけしば」、という男の伝説が記されている。武蔵《むさし》国から送られた衛士がいた。彼は仕事中、ぶつぶつ独り言をいう。国元の光景を思いつつ、そのおかしさ、楽しさを述べ、それにくらべての、自らの現在の境遇を嘆くのである。

天皇の娘・内親王がその独り言を聞きつけた。彼女は、衛士を呼び寄せ、国元の光景をもう一度語らせる。そして、その光景を見たいから、武蔵まで連れて行け、と命じる。押し切られる形で、衛士は内親王をおんぶして武蔵国へと向かう。追っ手をおそれ、勢多橋に細工をし、七日七晩で故郷の武蔵に着く。都では内親王が行方知れず、しかも衛士が一人いなくなっている、そのほか目撃証言もあって武蔵へと追っ手がかかった。武蔵についた追っ手に、内親王は武蔵で過ごすと頑として言い張る。結局、脱走衛士の男に武蔵国を賜り、内親王の世話をさせることとなった。

その後その子孫は衰え、跡だけが残り、たけしば寺になった。元祖「東男に京女」。あくまでも伝承で、荒唐無稽といってしまえばそれまでだが、衛士と内親王のロマンスというのもなかなか素敵だ。

さて、この逃亡衛士は、奈良時代の実在の人物がモデルではないか、とも言われている。藤原仲麻呂の乱で活躍し、五位に昇り、武蔵国 造《くにのみやつこ》にまで任ぜられた丈部直《はせつかべのあたい》不破麻呂《ふわまろ》という人物である。彼は衛士ではなく、むしろ衛士を指揮する立場であった（大日古二一—二八〇）。ただ、仲麻呂の乱を契機に破格の出世をし、武蔵国内でも他の有力者を押さえ「国造」に任ぜられた、地元の名士であり英雄であったことは確かで、こうした事実が伝説の背景にあるのではないか、という。そして不破麻呂の子孫と見られる人物に武蔵竹芝という人がいる。『将門記《しょうもんき》』の中に登場し、武蔵の在地有力者として描かれている。この竹芝も、たけしば伝説の一翼を担っているとされている。

ただ、衛士が内親王を連れ帰る、という突拍子もない発想には、まだ少し距離があるように思う。私は、この伝説の背景にこんな場面も想像しておきたい。

武蔵から、都には兵衛《ひょうえ》やら舎人《とねり》やら、帳内《ちょうない》・資人《しじん》やら、仕丁やら衛士やら多くの人々が登っている。出世した者、しない者、帰ってきた者、帰ってこない者。兵衛たちは郡司層の出身だから、都との往来は比較的多い。だが、衛士は農民層の出だから、都ははるか遠くである。特に、運脚《うんきゃく》として都に行くのとは違い、衛士や仕丁として働くと、宮中でも仕事をする。やんごとなき姫君をみかけることもあったろう。

そんな彼らが、ようやく国元に帰り、ムラの人々に都の様子を語る。苦しい都勤めを回想しつつ語る中で、宮中でたまたま見かけた姫君の横顔の輝かしさや、後ろ姿の美しさにも話が及ぶ。聞く方も、つらい話はさておき、麗しき姫君の話はいささかの羨望と夢想を抱きながら耳をそばだてたに違いない。

そうした物語の記憶が、人々の間に積み重なって、いつしかたけしば伝説に結晶していったのではないか、と思うのである。

平城京から逃げ出した話が続いたので、今度は平城京にわざわざ自分からやってきた人の話をしておこう。

馬の盗難

天平宝字《てんぴょうほうじ》八年（七六四）ごろ、平城京には常陸《ひたち》国那賀《なか》郡出身の公子部牛主《きみこべのうしぬし》なる人物がいた。年齢不詳、経歴不詳。そんな彼が歴史に名を残すことになったのは、馬を盗まれたからである（城一五—一六上）。残念ながら、その事情を伝える木簡は腐食が激しく、読めない文字が多い。だが、読める文字を拾うと、大体以下のような内容である。

常陸国那賀郡出身である公子部牛主は、八月二十七日の夜、大学寮付近で馬を盗まれた。鹿毛の馬で、年齢は八歳。後足に特徴がある。大学寮の学生や官人たちで、この馬を見つけたり、犯人を知っていたら、直ちに連絡してほ

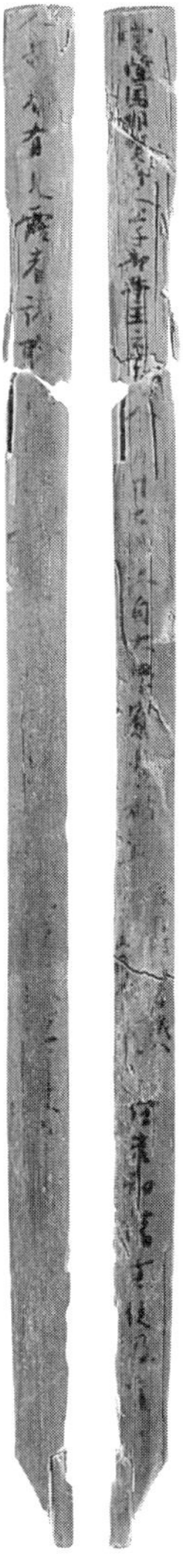

盗難された馬の捜索を依頼する立て札の木簡．長さは70センチほどと，大きい．

しい。天平宝字八年八月二十八日

名前が牛主で馬を盗まれたというのは、なんだか冗談めいているが、馬というと一大財産だから、彼はさぞ困ったであろう。この馬も常陸からはるばる一緒にやってきた愛馬だったのかもしれない。二十七日夜に盗難に遭い、翌日には早くも立て札を造り、若犬養門《わかいぬかいもん》前に立てた。迷い馬、いや「盗まれ馬」探しの張り紙、いや「張り木」である。当然、京職《きょうしき》にも連絡したであろう。なお、若犬養門は、平城宮南面、二条大路に面する部分に開く三つの門の内、西の門である。

常陸からはるばる都までやってきて、馬を盗まれた哀れな男。生き馬の目を抜く都会で、田舎から出てきた人のよい男が、目だけ抜かれず馬ごと持って行かれたかわいそうな事件。立て札を立てても都大路を行き交う人々は無関心で、途方にくれ呆然と生駒山《いこまやま》に落ちる夕日を眺める。そんな光景が目に浮かんでくる。

その後、この立て札は、その後門の前の溝に埋もれてしまった。馬が無事見つかって不要になって捨てられたのか、見つからずそのまま風雨にさらされて朽ちてしまったのか。悲しい話だが、そもそも馬を持っていた、とはなかなかの財力である。それも本拠地ではなく旅先で連れている。それになぜわざわざ平城京までやってきたのか。

仕丁や衛士として連れてこられた人や、運脚として都まで調庸《ちょうよう》を運んだ人ではないだろう。一方、彼の肩書きは「常陸国那賀郡の人」である。どこかの役所に務めていたわけではないようであり、また位階も持っていなかったのだろう。だから、郡司として運脚を率いて上京した、ということでもない。彼は、普通の農民よりも上の階層に属し、かつ官人としての身分・役職を得ていない、そんな人物だったはずである。こうした条件から考えると、いくつかの可能性が浮かんでくる。

一つは、郡司候補者として面接試験に来ている、各地の有力者の一人、という可能性である。郡司に成るためには、それぞれの国の国司に推薦され、かつ中央での試験にパスする必要があった。だから、郡司候補者は全国からはるばる平城京へ集まってくるのである。もう一つは、つてを頼って上京してきた、各地の有力一門の一人、という可能性である。

奈良時代には、おじさんを頼って都に上り、ついには貴族にまで出世した人物がいる。奈良時代後半に大活躍する、高麗朝臣福信という人物である。福信は武蔵国高麗《こま》郡出身。高麗郡という地名からわかるように、高句麗《こうくり》系の渡来人が多く住み、高句麗王若光という人物が開拓したという伝承を有する地域の出身で、彼自身も渡来人の流れをくむ。彼の叔父は肖奈行文という高名な学者であり、都で活躍をしていた。福信はこの叔父をたよって都に上り、石上《いそのかみ》の岐《ちまた》で毎日相撲をとっていた。石上の岐は、都祁《つげ》山道という平城京と東国を結ぶ重要な交通路の入り口であり、東国方面への交通の要衝《ようしょう》である。ここで、相撲の名手としての評判がたち、ついに内裏に召し出された。その後は天皇側近の武人として出世を続け、ついには三位にまで昇った（『続日本紀』延暦《えんりゃく》八年十月十七日条）。

この二つの可能性に該当する人々は、じつはそれほどかけ離れた出身層の人物ではない。どちらも、地元ではかなりの有力者で、その力を背景にさらなるチャンスを求めて都に上ってきている人々だ。こうした人は、少なからず平城京内にいた。たとえば、他田神護《おさだのじんご》という、古代史を学ぶ人々の間では非常に有名な人物がいる。彼は中宮《ちゅうぐう》舎人として長らく都で勤務し、その実績を掲げつつ地元・下総国海上《うなかみ》郡の郡司への任用を希望している。彼は、郡司候補者として来る可能性もある人物であり、また出世を夢見て上京する人物でもあり、その出自は地元の名門であった。

そして、さらにもう一つの可能性を想定しておきたい。それは、彼が大学生であった可能性である。馬が盗まれたのは大学寮周辺で、大学寮の生徒たちに情報提供を呼びかけている。青雲の志高く平城京に登ってきた青年大学生、という可能性も皆無ではない。この想定は、なんとなくうきうきする。ちょっと、奈良時代の大学の世界をのぞきたい。

役所勤めの日々

大学寮にて

一枚の宿直札

神護景雲《じんごけいうん》四年（七七〇）八月三十日。平城宮の南に隣接する大学寮では、大学少允《しょうじょう》・紀直人《きのなおひと》が机に向かっていた。机の上には薄い木片が置かれている。筆をとった直人は、胸のすくような端正な筆致で、文字を書いていった。

こうして、墨痕《ぼっこん》も鮮やかに文字が書き込まれた木札——いや、今や文字が書き込まれたから、「木簡」である——ができあがった（宮—三七五一号）。この木簡は、大学寮という役所が提出した、役人の出勤状況の報告書類だ。提出先は大学寮を所管する上級の役所・式部省《しきぶ》で、その後式部省で捨てられたらしい。というのは、この木簡の出土地は、式部省の隣であり、やはり式部省から捨てられた多くの木簡と一緒に出土しているのである。出土したのは、一九六六年の、奇しくも八月三十日。紀直人が書き込んでから、実に一二九六年の歳月を経た後のことである。

大学寮。全国に一つ、平城京にしかない、文字通り最高学府である。すっかり大衆化した今日の大学とは、ずいぶん様子が違う。奈良時代の大学寮は、文字通りトップエリートの養成所だ。卒業生たちの進路は、役人と決まっている。外資系有力企業に就職したり、ベンチャー企業を起こしたり、という選択肢は存在しない。国家の大学で学んだ以上、国家に奉仕するのである。

大学寮が平城宮に隣接する、と述べた。だが、奈良時代の大学寮の場所は、残念ながら正確には不明だ。大学寮に限らず、平城宮・京内のどこにどのような役所があったのかは、わからないことの方が多い。発掘調査をしても、見つかるのは穴だの溝だのである。これ

大学寮解　申宿直官人事　少允従六位上紀朝臣直人
神護景雲四年八月卅日
300・40・1　011

らから建物や塀、役所の区画、それらの変遷を知ることはできる。だが、その建物や区画が、なんという役所で、どのような仕事をしていたのかは、すぐにはわからない。

そこで、建物や区画の様子、出土した遺物から想定される活動の様子などを、一つずつ確認していく。建物配置や独特の施設が確認されれば、そこでの活動の様子を絞り込むことができる。文字資料が出土すれば、心強い材料となる。こうした遺構・遺物の入念な検討結果を、律令の規定や『続日本紀《しょくにほんぎ》』などの文献資料の記載と照らし合わせて、なんという役所か、可能性を絞り込んでいく。この作業の中では、平安宮・京との比較も重要なポイントとなる。平安宮・京での役所の配置は図面が残っているのである。そしてまた、こうした研究の積み重ねの結果、奈良時代後半、平城宮内の役所の配置は平安宮のそれと比較的類似することがわかってきている。平城宮内の役所で、ほぼ確定的と考えられている役所は、奈良時代末の神祇《じんぎ》官、式部省・兵部《ひょうぶ》省、造酒《ぞうしゅ》司、馬寮《めりょう》などである。

大学寮は平城宮外にあると考えられている。平城宮外には、このほかに京職《きょうしき》や市司《いちのつかさ》といった役所があった。これらは、役所の性格からしても、平城宮内より宮外がふさわしい。大学寮が平城宮の外にあるのは、学生が将来の官人と期待されているものの、まだ官人になっていない、中間の状態であることに対応するといえるだろう。

木簡を差し出した人物の、少允というのは大学少允のことである。大学少允は本来従《じゅ》七位上相当の役職で、彼は従六位上だから官位相当は崩れている。崩れた場合の署名方法の規定もあるが、それにも則っていない。日常的で、簡便な木簡ならではの書きぶりといえようか。

日付は神護景雲四年八月三十日。秋の日に、平城宮の南に隣接する大学寮では、うんざりするほど日常的な業務処理が行なわれていた。

大学寮の教育と貴族

先に述べたように、大学寮は奈良時代の最高学府であり、官僚養成機関であった。大学の入学資格を有するのは、五位以上の子孫と東西史部《ふひとべ》の子が中心で、その他には位子《いし》（＝六位から八位の子）で特に希望する者である。入学試験は式部省で行なわれた（学令大学生条）。また、全国の各国には国学という学校が設置されたが、そこで成績優秀と認められて、さらに学問を修めたい、と希望する者も、式部省での試験の上、大学に入学することができる規定となっていた（学令通二経条）。

奈良時代の初めは、本科のほかは書道と算術のコースがあり、本科では経書《けいしょ》のほか、音・書・算も教養科目として学ぶことになっていた。音というのは漢字の発音を学習する科目で、今日でいうならば英語にあたるようなイメージだろうか。なにしろ教科書はすべて漢文だから、漢字が読めなければどうしようもないのである。奈良時代半ば以降、本科の専門が増えて、明経道《みょうぎょうどう》・明法道《みょうぼうどう》・文章道《もんじょうどう》・紀伝道《きでんどう》に分かれる。優待生の制度も作られた。

学生の定員は奈良時代後半時点で約四六〇人。この人数は学生の総数であり、学年ごとの定員があるわけではない。留年を続ける学生がいると、若くて優秀な新入生が入学できない。そこで、在学が九年を越えると退学。また、一〇日に一度旬試《じゅんし》という定期試験があり、一年に一度歳試《さいし》という期末試験がある。この歳試に三度落第すると退学。なかなか厳しい規定となっている（学令先読経文条）。しかもこの試験が難しい。旬試のもっとも初学の試験でさえ、一〇〇〇文字のうち連続する三文字を隠して答えさせるというものである。歳試は、教官たる博士が行なうのではなく、大学頭《だいがくのかみ》（長官）・助《すけ》（次官）が行なうことになっている。大学寮首脳部は相当の知識人でないとつとまらない。

こうした難関をくぐり抜けると、ようやく「挙《きょ》」といって、官人への推薦をもらえる。次はいよいよ式部省での試験である。この試験を通過して、その成績に応じて「出身」となる。今日、出身というと出身地・出身校のように、それまで所属していた集団などを指すが、律令用語では位階を得て役職につき、官人として世に出ることをいう。

だが、この難関をくぐり抜けても、その後の栄達が保証されていたわけではない。式部省の試験に最高成績で卒業した際に、最初に与えられる位階は正《しょう》八位上（選叙令秀才出身条）。決して高い位階ではない。

表2　蔭位リスト

位階	子		孫	
	嫡子	庶子	嫡孫	庶孫
一位	従五位下	正六位上	正六位上	正六位下
二位	正六位下	従六位上	従六位上	従六位下
三位	従六位上	従六位下	従六位下	正七位上
正四位	正七位下	従七位上		
従四位	従七位上	従七位下		
正五位	正八位下	従八位上		
従五位	従八位上	従八位下		

一方、貴族の子供たちは親あるいは祖父の位階に応じて「蔭位《おんい》」という制度が適用され、出身時に自動的に位階がもらえる。正五位の嫡子《ちゃくし》の場合、正八位下である。大学入学条件のうち、五位以上の子孫というのがなんとなく白々しく見えるように感じられる。なにも必死で勉強しなくても、どれだけぼんくらでも、五位以上の嫡子であれば、大学出の最高のエリートと同じ程度の位階がもらえるのだから。

下級官人層と大学

一方、下級官人層や各地の国学出身者にとっては、大学はそれなりに魅力があっただろう。通常、出身は二十五歳。出身年齢も蔭位で出身する者は二十一歳、それ以外は二十五歳と差がある（選叙令授位条）のだが、天平年間（七二九～

七四九）にはどちらもすべて二十一歳で運用されていた（選叙令授位条古記）。蔭子孫・位子などのいわば有資格者は、出身年齢以前の十七歳ごろから官に仕えはじめていた。これを「入色《にゅうしき》」というが、この場合は通常はトネリとして勤務を始めるのが通例であり、たとえば大伴家持《おおとものやかもち》も二十歳前後のころには内舎人《うどねり》として勤務していた。蔭子孫に当たらない下級官人層出身者が仮に十七歳から勤務を始めたとして、律令規定通りだと位階があがるチャンスは八年に一度であり、まず二十五歳の出身年齢で少初位下《しょうしょいげ》に叙せられる。

位階があがるチャンスのことを、「選《せん》」という。この選は、毎年の勤務評定である「考《こう》」を一定数重ねることで受けられるようになる。何回分の考が必要かはポストによって変わる。律令規定では長上官なら六考、分番官なら八考。トネリたちはすべて八考である。後にこれではあまりに出世が遅すぎる、ということで、六考のポストは四考に、八考のポストは六考に変更される。選でどの程度位階があがるかは、考の結果次第なのだが、この考の付け方もポストによって異なる。長上官は上上から下下までの九段階、分番官やトネリたちは上中下の三段階である。出勤日数やら、職務実績、あるいは勤務態度や役人としての様子などを勘案して、評価が決定される。成績と昇叙の関係はいささか複雑な規定があるが、中をならべれば一階あがる。

二十五歳で少初位下に叙せられた人物が、仮に八年ごとに位が一つずつあがるとすると、正八位上にたどり着くのは八十一歳。六年ごとだとしても六十七歳。今日でいえば定年を過ぎて年金がもらえようという年齢だ。これに比べると、最初から正八位上に叙せられるというのは、なかなか好条件である。しかも、「大学出」という肩書もつく。だが、なにしろあまりにもの難関である。結局、トネリやら何やらを経ながら実務経験を積んでいった人々が圧倒的多数であったろう。

下級官人層にとっては、出身方法もいくつかのルートがあり、出世の道も皆無ではなかった。しかし、実際には五位の壁を突き破ることは容易ではなく、貴族層へと上昇することはまず不可能であった。

文字の習得と習書・落書

ただし、それでも通常の人々より下級官人層は恵まれていた。八位以上の身分を持っていれば、税金は免除。初位であっても長上官についていれば税金免除。またトネリや史生《ししょう》などとして勤務していればやはり税金免除。子供も、八位以上であれば位子などとして官人になる道がある。だから、やはり下級なりとも代々官人であることは大きな意味をもっていたはずである。

その場合、大学出身者レベルとはいわなくても、「読み書きそろばん」というような、最低限の技能が必要であったことはいうまでもない。なにしろ、日本古代国家は文字による支配を行なっていたから、その末端に連なるには、文字の習得は必須である。

ではその文字の習得はどのように行なわれていたのか。実は、さっぱりわからない。貴族たちになると、高名な学者が家庭教師についたりと、勉強している様子が若干はわかるのだが、下級官人層となるとさっぱりなのである。

習書《しゅうしょ》木簡と呼ばれる、文字の練習をしたらしい木簡がある。また、土器の破片に文字を練習しているものもある。へたくそなのから、上手なものまでさまざま。同じ文字を繰り返すもの、偏が共通した文字を次々書き連ねたりしたもの、連想ゲームみたいに思いつく文字を連ねたもの、書類の書式を練習したもの、など内容的にもさまざま。中には、全く同じ内容を書いた木簡と墨書土器が見つかったこともあるから、正式な書類として作られた木簡の文字を、そのまま書き写したらしい。

こうした習書は、書写技術の向上や律令文言・書類への精通のため、せっせと日々努力を重ねていた下級官人たちの姿を彷彿《ほうふつ》とさせる。また、習書の隣には落書きが書かれていることもある。人物画など、なかなかおもしろい。ただ、これらの習書木簡や墨書土器は、書式の習得や文字の技術向上、あるいは手すさびや落書きであって、いわゆる文字の習得

文書風の文言を習書した墨書土器

繰り返し習書した木簡

木簡と同じ内容を習書した土器

のため、というわけではなさそうだ（渡辺晃宏「日本古代の習書木簡と下級官人の漢字教育」、高田時雄編『漢字文化三千年』臨川書店、二〇〇九年）。

いずれにせよ、下級官人層の人々は、何らかの方法で文字を必死で習得したはずである。そしてその習得レベルは決して低いものではなかった。今日に伝わる天平写経《しゃきょう》は、その端正な筆致で見る者を魅了する。その文字は、いずれも写経生たちの文字であり、写経生は下級官人層の人々である。私たちが天平文化の一つの枠として感動する文字は、天平文化を謳歌した貴族層のそれではなく、時代を支えた下級官人層の文字なのである。

ただし、彼らが普段から写経レベルの文字を記していたわけではない。緊張感に満ちた写経の一方、日常的な書類は実に砕けた文字で書き記す。また彼らが駆使する表現で、中国の典籍を博捜して練り上げられたものは、まずない。非常に砕けた日常的な言い回しが大半である。

そんな中、大学寮が提出した木簡は、特異といってもよいほど端正な文字で記されている。役所間の書類だろうと、木簡では比較的砕けた書風のものが多い。大学寮という、最高学府の面目にかけて気合いを入れて記したのか、文字を記した紀直人の心意気か。

そして、そこに記された、神護景雲四年（七七〇）八月三十日という日付は、なかなか興味深いものなのである。

木簡の日付

神護景雲四年（七七〇）八月は、激動の月であった。

称徳女帝は重祚《ちょうそ》の大嘗祭《だいじょうさい》に、道鏡《どうきょう》を参加させた。僧侶の大嘗祭参加は空前絶後である。さらに称徳《しょうとく》女帝は道鏡を後継者に擬したが、和気清麻呂《わけのきよまろ》らによって阻まれた。宇佐八幡神託《うさはちまんしんたく》事件である。皇位継承は阻まれたものの、称徳女帝をバックに道鏡は政権を握っていた。だが、貴族層と道鏡とはもともと相容れず、あくまでも称徳女帝あっての道鏡であった。

神護景雲四年八月四日、称徳天皇が死去する。後継者のないままの死である。天武《てんむ》天皇直系の系統は断絶した。そしてまた、道鏡政権を支えていた人物の死でもあった。情勢は一気に流動化する。ただちに議政官《ぎせいかん》たちは内裏《だいり》に集まり、善後策を練った。左大臣藤原《ふじわらの》永手《ながて》は称徳女帝の「遺詔」なるものを持ち出し、議論を主導しまとめあげ、白壁《しらかべ》王が皇太子に立てられた。さらに東海道伊勢《いせ》国鈴鹿関《すずかのせき》・東山道美濃《みの》国不破《ふわ》関・北陸道越前《えちぜん》国愛発《あらち》関のいわゆる三関《さんげん》に使者がだされ関を封鎖した。「固関《こげん》」である。これによって、交通路は遮断され、非常事態への備えが固められた。六日には近江《おうみ》国の騎兵部隊が平城京へと召集され、厳戒態勢が強化される。その一方で八日には女帝の初七日の法要が営まれ、十七日には山陵へと葬られた。道鏡はその陵に寄り添ったという。

そして道鏡勢力の粛清がはじまる。まず二十一日に道鏡の下野薬師寺《しもつけやくしじ》配流《はいる》が決定、即日出発。宇佐八幡神託事件で道鏡側で活躍した中臣習宜朝臣阿曾麻呂《なかとみのすげのあそまろ》は種子島《たねがしま》へ左遷。翌二十二日には道鏡の弟・弓削浄人《ゆげのきよひと》とその息子広方・広田・広津を土佐国に配流。一方道鏡政権下で罪に貶《おとし》められた人々の復権がなされ、二十六日には慈訓・慶俊の二僧が少僧都《しょうそうず》に復帰する。九月六日には、和気清麻呂・広虫《ひろむし》兄弟が平城京に召還された。

このすさまじい激動の中、大学寮も決して無関係だったわけではない。八月八日は、孔子《こうし》を祀《まつ》る重要な行事・釈奠《せきてん》の日である。それが中止になったのだから、大学寮としては決して小さくない影響を被った、といえよう。だがもっと注目されるのが、時の大学寮の長官、大学頭《だいがくのかみ》である。

称徳天皇崩御時、大学頭は山部《やまべ》王であった。彼は白壁王の子である。そう、彼こそ後の桓武《かんむ》天皇である。八月二十五日には、山部は侍従へと転任し、大学員外介《いんげのすけ》であった吉備泉《きびのいずみ》が大学頭へと昇任する。吉備泉の父は、白壁王の立太子《りったいし》に反対だったという伝承も残る、吉備真備《まきび》である。立太子する父をもつ子と、その立太子に反対した父をもつ子が同じ役所で上司と部下として勤めていた。二人の間の空気は、どんなものだっただろう。

一方、そこに務める役人たちは、緊張感のあるような、がっかりしたような、不思議な気分で事態の推移を眺めていたことであろう。なにしろ、白壁王立太子の背後には、山部王への期待があったという伝承まであるから、有能ぶりは鳴り響いていたはずだ。だが、所詮は末の末の王族だった。その山部が、突如として皇太子の息子となり、まもなく親王になるのである。そして、その親王予定者が転出した後は、なんとなく落ち目の大臣の息子がそのまま内部昇格で長官となった、というのだから。

だが、そんな平城京の不穏な空気や、大学寮での揺れ動く様相にもかかわらず、紀直人はいつも通り、当たり前の仕事を、そう、うんざりするほど日常的な職務を遂行していた。官僚機構というものの、一つの特徴ともいうことができるだろう。こうした行政機構が存在したからこそ、政変が起ころうとも、奈良時代の律令支配は維持されていたのである。

政変や、皇位継承に右往左往する皇族や貴族のもと、律令支配を、がっちりと支えたのは、彼ら下級実務官人たちであったのだ。だが、そんな下級官人たちといえども、時には政変劇の大波に翻弄される場面もあったことは、また後で述べることにしたい。

大学寮の場所と学生たち

平城京大学寮の想定地としては、左京三条一坊九・一〇・一五・一六坪、あるいは右京三条一坊一・二・七・八坪といった場所が挙げられている。どちらも平城宮南面に隣接する一等地である。

両地域共、何回かの発掘調査が行なわれている。特に左京域では、数次に渉る調査でさまざまな施設が発見されているものの、大学寮であるという決定的な材料は見つかっていない。一方、右京の候補地の周辺では、これといった候補となるような建物・施設は発見されていない。地盤が砂地で弱い場所も多く、遺構の残存状況が比較的悪いことの影響もあるかもしれない。ただし、右京三条一坊では、膨大な瓦が発見されており、周辺に瓦葺きの立派な建物が建っていた可能性が高い。あるいは、大学寮の候補となり得るような建物かもしれないのだが、建物それ自体は発見されていない。

遺構の面からは左京の候補地に軍配があがるが、前章で引用した木簡からは右京が有力となる。馬が盗まれた場所も大学寮周辺だし、大学寮官人や大学生に向けたメッセージとして書かれているのだから、木簡出土地の近辺に大学寮があったと考えるのは自然である。ただ、式部省との位置関係からは左京の方が分が良さそうだし、木簡の出土についても理屈を付けようと思えば付けられなくはない。たとえば、大学寮周辺であれば、大学寮のまさにその場所に木簡を掲示すればよいわけだから、大学寮とは離れた場所だからこそわざわざ門の側に木簡を掲示した、と考えるのである。いずれとも決着付けがたい。

当時の大学にまつわる話を二つほど。天平勝宝元年（七四九）ごろ、平城宮周辺の路上に、匿名の投書がなされることがしばしばあった。そこで、百官の官人たちと大学の生徒に教え諭し、そうした行為がなくなるよう誡《いまし》める詔《みことのり》が下された（『続日本紀』天平勝宝元年二月二十二日条）。ここで官人たちと並んで、大学生が対象とされているのは、官人の候補生たちであるということが理由の一つであろう。だが同時に、大学生たちは文才にたけ、また中国の典籍に精通する知識人・思想人である。理想の政治をめざして政策の批判を行ない、投書するような集団たり得ると認識されていたということも示している。古代の学生運動といったところだろうか。

また、式部省の試験のうち、最も難しいのは「秀才」というコースである。課題論文が二題出題され、文章と内容の双方から採点される。答案の論文のことを「対策《たいさく》」という。奈良時代の対策がいくつか今日に伝わる。名文を集めた書物に収められているから、難関の秀才中でも特に優秀な対策だったのだろう。対策の筆者の中には、学者として名高くなる人もいる一方、他の資料には一切登場しない人物もいる。『続日本紀』は基本的に五位以上の人事しか記さない。だから、『続日本紀』に登場しない対策の筆者は貴族の仲間入りはできなかった可能性が高い。そんな中の一人である、紀朝臣真象《まかた》という人物の名が、出土木簡のなかにひょっこり見える（城三四—一六上）。秀才の末路というべきなのだろうか。もっとも、彼が改名して実は大出世していた、という可能性も全くないわけではないかもしれない。もしそうであれば、正史では別の名前で登場していて、我々が気づいていないだけである。この可能性もある、と期待しておこう。

すさまじきものは宮仕え

恐怖の男・石川名足

石川名足《いしかわのなたり》という人物がいる。蘇我《そが》氏の流れを汲む名門の家に生まれ、最後は従三位《じゅさんみ》まで昇った立派な貴族である。延暦《えんりゃく》七年（七八八）六月四日に六十一歳で死去した。『続日本紀』は、彼の死を記した記事に、その人物像を次のように語る（『続日本紀』同日条）。

名足は、見たり聞いたりしたことを、実によく記憶していた。それだけでなく、弁舌がたち、物事を判断する力も抜群で頭の回転の速い切れ者であった。しかしながら、性格は実に悪く、しょっちゅう人の過ちをあげつらって責め立てた。官人たちが業務の報告をするさいに、少しでもおかしなところがあれば口を極めて徹底的にののしった。そういったわけで、あちこちの役所で太政官《だいじょうかん》の役所に行かなければならないものは、名足が担当者だときくと、みんな震え上がってしまい、なんとか避けようとしたのである。

頭はよいが性格が悪い。いつの時代にもいやな上司や先輩はいるだろうが、この手合いはもっとも困る。何しろ仕事ができるから、文句の付けようがない。しかし、いつもあら探しをされて、挙げ句にボロクソにいわれる。部下たちにとってはたまったものではない。

しかも彼は、弁官《べんかん》という要職についていた。弁官局は、八省以下の役所を統括する役所である。大臣などは議政官《ぎせいかん》であり、いわば政治家である。これに対し、弁官局はいわば事務方のトップである。八省以下の役所での事務作業で、太政官の決済をとる必要がある場合、その際の窓口は弁官局である。弁官局では、書類の内容に疎漏がないかを確かめるとともに、弁官で決済すべきか、大臣まで回すべきか、それとも天皇にまで奏上《そうじょう》すべきかなどを判断する。各地方の国司《こくし》も、弁官局を通じて太政官への報告を行なう。ほとんど日本中の重要情報が弁官局に集中する、といっても過言ではない。だから、弁官局を主導する弁官として、名足のような切れ者は実に適任者なのである。宝亀《ほうき》九年（七七八）二月に右大弁《うだいべん》に、延暦四年（七八五）七月には左大弁になっている。

あらゆる役所は弁官局に連絡に行かなければならない。弁官曹司《ぞうし》には各役所からの書類を抱えた官人たちが集まって、行列をつくっていた。そんな彼らにとって、名足の姿がそこに見えたら、絶望的な気分になっただろう。徹底的に書類をチェックされ、厳しく確認され、さんざんののしられてすごすごと役所にもどって、書類の再作成である。もどった役所の上司の目も、冷たかったことだろう。

では、その行列を作っていた弁官曹司はどこか。

はっきりとは確定していないが、私は塼積官衙《せんづみかんが》と呼ばれている、内裏東方にある官衙が、弁官局の役所＝弁官曹司ではないかと考えている。＊塼積という特殊な基壇の様子から考えて、役所としてかなり格式が高い。場所も内裏のすぐ東側で、格式の高い役所にふさわしい。また、注目される遺物に、「公事」「私事」と記した塼が出土している。この役所にやってきて行列を作る目印であろうと考えられる。こうした場面が最もふさわしい役所は、弁官局であろう。発見された倉庫は、各役所から上申された書類などを収めておくための

私事（左上）と公事（右下）と書かれた塼．塼積官衙出土．

文殿《ふどの》であったのではないだろうか。『続日本紀』宝亀三年十二月二十九日条には、狂馬が的門《いくはもん》から入り込んで、弁官曹司の南門をこわしたという記録があるが、的門は平城宮の中では東側の方の門であり、塼積官衙とも程近い。ただし、平安宮の役所の配置を参考にすると、弁官の役所はもっと南の方に存在し、塼積官衙は外記《げき》の役所の可能性もある。なかなか、断定はできない。

さて六国史《りっこくし》では、死去の記事にその人の経歴等を簡単に記すことがある。『続日本紀』では、人物批評は通常ほとんどない。そうした中、ここまでその人柄をこきおろされるのは実に珍しい。よっぽどひどい人物だったのか、それとも『続日本紀』編集者の中に、名足にずいぶんやりこめられた人間が混ざっていたのか。もっとも、名足にいわせれば、周りが馬鹿に見えて仕方なかったのかもしれない。

昇進の悲喜交々

次の上司は石川名足みたいな人なのか。サラリーマンにとって、人事異動は一大事であり、新しい上司や部下は気になってしょうがない。人事異動の季節ともなれば、数々のドラマが生まれる。古代の官人にとってもそれは同じで、昇進を目指したり、人事情報を必死で得ようとしていた姿が歴史の向こうに透けてみえる。

古代の官僚制度の根幹が官位相当制《かんいそうとうせい》というシステムであることはすでに述べた。まず位階があり、その位階に応じて官職につくというものだから、人事もそれに対応することになる。つまり、まずは勤務成績に基づいて位階の審査があり、新しい位階に基づいてあらたな官職＝ポストへの任命が行なわれるのである。

この位階の昇進に関わる人事評価システムが、すでに述べた考選《こうせん》制度である。考選制度はなかなか複雑で、ややこしい作業過程を経るのだが、簡単に整理しておこう。

官人たちは、日々出勤する。これが上日《じょうじつ》である。上日が一定日数を超えないと「考《こう》」を得ることができない（考課令内外初位条）。また、年二回支給される季禄《きろく》という給料も、上日数が規定を超えないともらうことができない（禄令給季禄条ほか）。上日は、彼らにとって非常に重要なもので、出世のためにも給料のためにも第一条件であった。

一方、出席だけが良くても、仕事をしないのでは困る。出席日数の上日に対し、仕事量等を示すのが行事＝行なったこと、である。上日と行事がいわば客観的な評価基準であり、これらを基本として勤務評定がなされる。

官人は、本来所属している役所で働いているとは限らない。他の役所に出向いて勤務している場合、つまり出向ということもある。本来所属している役所を本司《ほんし》という。勤務評定は、どこで働いていようとも本司で行なう。だから、出向中の官人たちはその勤務状況を出向先から本司へと連絡してもらう必要がある（大日古五―五一三など）。出向先に、勤務状況の連絡書類を用意してほしいと頼んでいる書類もある（大日古一四―一七五など）。

考を決定する作業を「定考《こうじょう》」という。上日・行事などを元に審査が行なわれる。そして、九等もしくは三等の評価が付けられることは、すでに述べた通りである。この評価は、それぞれの本司で長官が本人に面接をし、評価を決定・宣告する。一応、この段階で異議申し立てができるわけだ。人事決定の時期には、ぞろぞろと下級官人どもが集まって、先に面接を終えた連中の表情を気にしながら、自分の順番を待つ、というような光景が繰り広げられたであろう。どのような考が得られるか、それによって先々の昇進が決まるわけだから、考の内容や結果には相当の関心を持っていたはずである（大日古一五―一二五）。

一方、選《せん》の方は、考の数と内容によって機械的に決まる規定になっていたから、関心はあっても、さほどどきどきするようなことはなかっただろう。やはり呼び出されて面接があるのだが、これに参加できない旨の書類が残っている（大日古一五―五など）。

だが、ここで悩ましい事態が発生する。位階があがってしまうと、それまでのポストでは官位相当が崩れてしまう。官位相当でも例外はあるから、そのまま留任できるかもしれないが、法律制度からすれば現在の官はやめて、別のポストへと異動しなければならない。

そうなると、新しいポストを探さなければならない。「任官運動」の始まりである。

任官運動の光景

奈良時代の任官制度は不明な点も残るが、ほぼ平安時代以降の制度と同様のシステムが整えられていたと考えられている（西本昌弘『日本古代儀礼成立史の研究』塙書房、一九九七年など）。平安時代に「除目《じもく》」と呼ばれる任官決定制度であり、儀式である。平安時代には、地方官を任命する春の「県召除目《あがためしじもく》」と、中央官を任命する秋の「司召除目《つかさめしじもく》」が中心的な除目として恒例行事となっていた。

官職と人名がリスト化され、欠員のある官職の部分だけ人名が空欄となった書類が用意される。平安時代に、「大間書《おおまがき》」と呼ばれるものである。本人の希望や、役所からの推薦などを参照しながら、空欄に人名を書き込み、人事が決定されていく。この作業は夜行なわれたらしい。重大事は、夜決まる。

そして、奈良時代も終わりごろの宝亀三年（七七二）の初冬、この夜の大決定に際して右往左往した一人の人物を取り上げよう。その人物の名は、上咋麻呂《かみのくいまろ》という。彼について今日に伝わる資料はわずかに四点。今回取り上げるのは、その内の二点の書状である。

まず、一通目はこうだ（大日古二二―一一三）。

奴咋麻呂恐惶謹頓首

官《つかさ》を望み欲するの事　左右兵衛衛士等一々の末任

右、今日を以て官召《つかさめし》の人の名を注列し、諸人云はく、明日召すとてへり。もし大恩を垂れ、この類に預かり賜れば、一生の喜び何かあらん。今、たへずして憑《つ》き望み、たやすく貴所をおかす。功無くして憑望《ひょうぼう》するは古人の厭《い》む所なり。しかりといへども、尊公の愁ひを垂れん。恐懼謹頓首、死罪死罪、謹んで状す。不具。

十月二十三日　奴上咋麻呂謹上

奴、とはずいぶんへりくだった物言いである。いや、それ以外も卑小なまでにへりくだった言い回しが目立つ。書状の目的は、ズバリ最初に書いてある。兵衛府・衛士府の官人になりたい、というのである。そして、なぜこの書状をこの日に書いたのか。それは、大間書への書き込みが今夜行なわれ、明日には発表され任官者が呼び出される、という噂が「諸人」の間で飛び交っていたからである。

噂では、どうやら今夜、人事が決定される。なんとかそれに間に合わせなければならない。咋麻呂はそんな風に考え、焦ったらしい。明日の朝では間に合わない。『枕草子《まくらのそうし》』でも、「すさまじきもの」として「除目の朝」をあげているではないか。

いやいや、咋麻呂は奈良時代の人物だから、平安時代成立の『枕草子』に思いをはせることはなかった。ただ、平安時代に至るまでこの除目翌日の朝、というのはなんとも気の抜けた時間だったわけで、その時間に至ってしまっては後の祭りである。咋麻呂はとにかく間に合わせなければと思ったに違いない。

飛び交う噂とコネクション

ちなみに、焦っていたのは咋麻呂だけではない。なにしろ、「諸人」が噂をしているわけだから、任官希望者はいっせいに活動したはずである。

三島安倍麻呂なる人物も、焦って動き回った内の一人のようである。彼は次のような書状を残している（大日古二〇―三二八）。

右の物、乏少《ぼうしょう》と雖《いえど》も、黙止するあたはず、献上すること件《くだん》の如し。以て解す。

宝亀三年十月二十三日　三島安倍麻呂

三郎尊の侍者辺へ

残念ながら冒頭部分が失われているが、なにか品物を献上している。咋麻呂の書状と全く同一の日付の書状であり、やはり任官運動の一環である可能性が高い。咋麻呂は大あてで書状だけだったが、安倍麻呂はちゃっかりと付け届けの品まで用意していたのである。

だが、どうやら今回の噂は噂にすぎなかったらしい。そして、咋麻呂は再び書状を送る（大日古二二―二一四）。

貢上
　生鰯六十隻
右の物、醜しと雖《いへど》も、侍者等の仲に進上すること件の如し。もし領納を垂れれば
幸々甚なり。謹んで状す。不具。
十月二十八日　下情上咋麻呂
奉上　道守尊公　侍者

月末に至って、いよいよ今度こそ人事がある、という情報をつかんだのであろう。前回は書状だけであったが、安倍麻呂に負けじと思ったか思わなかったか、今回はちゃんと付け届けの品を確保した。生鰯が六〇匹。赤穂浪士《あこうろうし》のお話では、付け届けが鰹節で刃傷《にんじょう》沙汰へと発展したらしいけれど、大名ならざる下級官人の世界では生鰯六〇匹は一財産だったろうか。鰯は鮮度が落ちやすいから、「生鰯」が本当にぴちぴちの生の鰯なのか、酢で締めたりしたものかはわからない。「お受け取り頂けたら、大変に幸せです」、と今回もずいぶんと下手に出ている。

そして今回の情報は、確かだった。『続日本紀』は二日後の十一月一日に、任官記事を載せている。大間書は十月二十九日、鰯付け届けの翌日に作成されたわけだ。だが、咋麻

呂の任官運動が成功したか否かは、わからない。当然ながら、生絁六〇匹のその後も、全くわからない。

最後に、咋麻呂がこの手紙を送った相手を確認しよう。一通目には、「道守尊」と書いてあるが、これは造東大寺司写経所《ぞうとうだいじししゃきょうじょ》で案主《あんず》をしていた上馬養《かみのうまかい》のことである（田中大介「写経所文書に現れる「道守」について」『続日本紀研究』三三九、二〇〇二年）。一通目には宛先を書いていないが、この手紙が今日に伝わった状況を考えると、おそらくは二通目と同様上馬養に出したものであろう。馬養も咋麻呂も「上」と同じウヂ名であるから、おそらくは同族である。同族関係のコネを頼って、咋麻呂の任官運動は行なわれたのである。

官人社会を駆けめぐる、虚実入り交じった噂と、同族関係等の張り巡らされたコネクション。今日にも相通じるような現象が奈良の都の官人社会にも充ち満ちていた。噂に翻弄され、コネを頼って、奈良時代も楽ではない。

長屋王の人脈とその後

さて、咋麻呂は同族関係のコネを頼っていたようだが、下級官人たちにとって「偉い人」とのコネやつながりもまた、重要である。トネリの供給元の一つである地方の豪族たちにとっても、中央の有力者とパイプを確保することには大きな関心を寄せていたであろう。

貴族には家令などのスタッフが付けられ、家政機関がおかれる。律令規定に基づくものであることから、機械的に割り当てられるのかとおもいきや、どっこいさまざまな人間関係に基づいて人選が行なわれている。このことは、『万葉集』の分析などからも指摘されてきていたが、なんといっても鮮やかに示したのは長屋王家木簡《ながやおうけもっかん》である。

長屋王家木簡は、長屋王と二つの氏族の密接な関わりを明らかにした（『長屋王家報告』）。一つは、赤染《あかぞめ》氏との関係である。長屋王の父、高市《たけち》皇子は壬申《じんしん》の乱で大活躍するが、高市皇子に舎人《とねり》として寄り添い、ともに転戦した側近の中に、赤染徳足《とこたり》という人物がいる。一方、長屋王家木簡によって、長屋王家の家令《かれい》が、赤染豊嶋《とよしま》という人物であることが明らかになった。家令というのは、家政を取り仕切る役職である。江戸時代でいえば筆頭家老、といったところだろうか。父・高市皇子の側近の赤染徳足と、子・長屋王の筆頭家老の赤染豊嶋は、おそらくは同じ一族の出身であろう、と考えられている。親子二代に渉る、親密な主従関係ということができよう。

もう一例は、九州の名族、宗像《むなかた》氏との関係である。「海の正倉院」とも呼ばれる沖《おき》の島は、宗像大社の奥の宮である。古くから、朝鮮半島との交流の舞台となり、航海の安全を祈った神をまつるこの宗像大社と、深い関係にある有力氏族が宗像氏である。そして、高

右：長屋王家の家令として赤染豊嶋がみえる木簡．
左：藤原麻呂の側近として赤染秋足がみえる木簡．

市皇子の母は、宗像氏の出身であった。

長屋王家木簡には、宗像郡の大領《だいりょう》（郡司《ぐんじ》のトップ）から送られた物品に付けられた荷札がある（城二三―一四下など）。本来九州は、大宰府《だざいふ》の管理下にある。都に調庸《ちょうよう》物が送られる場合も、一度大宰府に納められてから、改めて送り直される。ところが、長屋王家には宗像郡の郡司から、国司も大宰府も経由せず、直接品物が届けられている。正式な律令機構とは異なる、宗像郡司と長屋王の直接的な結びつきを示してあまりある。この結びつきが、高市皇子の母以来のものであることはいうまでもない。

天平元年（七二九）二月の長屋王の変以降、こうした長屋王を核としてネットワークを作っていた人々はどうなったのであろう。長屋王の変直後の天平元年四月五日、宗像郡司の位を引き上げたことが『続日本紀』に記載されている。動揺する九州の名族に対する懐柔策である。動揺が大きく広がっていたこと、一方で長屋王につながるあらゆる人脈を弾圧しようとしたわけではないことが知られる。

そして、長屋王家人脈とでもいうべきネットワークは、ほとんどそのまま温存され、引き継がれた気配があるのである。長屋王の変から約一〇年後の時期の、二条大路木簡《にじょうおおじ》と呼ばれる木簡群に、「赤染」や「宗形《むなかた》」という名前がみられる。二条大路木簡は、光明皇《こうみょう》后の皇后職と、光明皇后の兄である藤原麻呂《ふじわらのまろ》の家政機関から廃棄された木簡であることが明らかにされている。長屋王を追いつめた側の藤原四兄弟や光明皇后の配下に、赤染の名も宗形の名も見いだすことができるのである。特に、二条大路木簡に登場する赤染秋足《あきたり》は、わざわざ「大殿侍《おおとのはべり》」と注記されており、いわば側近であったらしい（京―四五六六）。

変節というべきなのだろうか。あるいは、後の真田《さなだ》一族のように、一族の中から両方の派閥に関係者を送り込んだのだろうか。それとも、藤原氏にとって、あまりに魅力的な人脈であり、必死で取り込もうとし、それぞれの氏族側でも新たな頼りがいのある中央有力者を必要とする、いわば魚心在れば水心とでもいうべき関係だったのだろうか。

こうした律令規定の表面には出てこない、有力貴族層と地方豪族、あるいは下級官人層の密接な関係が、日本古代社会には縦横に張り巡らされており、それが社会を動かす一つの大きな要素となっていた。ちなみに、赤染徳足と並んで、あるいはそれ以上に壬申の乱で活躍する村国男依《むらくにのおより》の孫は、藤原仲麻呂の家政機関に勤務し、後に地元の美濃国の少掾《しょうじょう》となっている。

さて、天平十年七月十日、兵庫寮《ひょうご》の休憩時間、事件は起きた。右兵庫頭《うひょうごのかみ》の中臣宮処連東人《なかとみのみやこのむらじあずまひと》を、左兵庫少属《しょうさかん》の大伴子虫《こむし》が刺し殺したのである。それは、囲碁《いご》の最中に話題が長屋王に及んだときのことだったという。東人は長屋王を誣告《ぶこく》した人物で、子虫は長屋王に恩義のあった人物だ、と『続日本紀』は伝えている。

長屋王の恩を忘れず義憤に燃えて事件を起こし、結果的に長屋王の「冤罪《えんざい》」を後世まで伝えせしめた大伴子虫という人物は、残念ながら長屋王家木簡には登場しない。

仲麻呂の乱

天平神護《てんぴょうじんご》元年（七六五）の春、写経所ではちょっとそわそわと落ち着かない連中が一六人ほどいた（大日古五―五一六）。出身は京内の者も、摂《せっ》津《つ》・河内《かわち》・山背《やましろ》、それに伊勢の者もいる。写経所に出向する前の、本来の勤務先もばらばらで、左大舎人《さおおとねり》・式部省書生あたりはしっかりした勤務先だが、まだ官職についていない留省《りゅうしょう》だの位子《いし》だのもいるし、ポストが見つからない浪人状態の散位《さんに》が半分を占める。年齢は、下は三十三歳から上は五十六歳までいて、これもバラバラ。共通点といえば、位がごく低く、少初位下《しょうしょいげ》からせいぜい正八位上までだという点と、写経所で仕事をしていた点、そのくらいの顔ぶれである。

そんな彼らがそわそわしているのは、天皇の特別の命令で、叙位されそう（位が上がりそう）だからである。以下、叙位の理由を見てみよう。

右、件《くだん》の人等、勅旨大般若経《だいはんにゃきょう》を写し奉るに依りて、去る年八月十六日より十二月十七日に至るまで、司家に供奉す。仍《より》て九月十一日の夜、寺司《じし》率ゐて内裏に参ず。即ち民部《みんぶ》卿正四位下藤原朝臣縄万呂の宣に依りて、還りて司家を守る。此《ここ》に今年正月七日の恩勅に依りて、叙位の例に預かる可《べ》し。仍て事状を具《つぶさ》にし、以て移す。

天平神護元年からみて去年、というから天平宝字八年（七六四）のことである。八月十六日から十二月十七日の間、勅旨の大般若経の写経事業に従事していた。そのまっただ中の九月十一日の夜、彼らは造東大寺司《ぞうとうだいじし》の役人に連れられて、内裏へと向かった。

天平宝字八年九月十一日。藤原仲麻呂《ふじわらのなかまろ》の乱勃発のその日である。

光明皇后をバックに権勢を誇り、橘奈良麻呂《たちばなのならまろ》ら政敵は徹底的に排除。生前に正一位まで上り位人臣《くらいじんしん》を極め、「恵美押勝《えみのおしかつ》」という優美なのか図々しいのかわからない大層な名前までもらい、官職名を唐風《とうふう》に変えた。自分の息のかかった大炊王《おおいおう》を天皇に据える（淳仁天皇）ことにも成功した藤原仲麻呂であったが、道鏡《どうきょう》の台頭をめぐって顕在化した孝謙上皇との対立や、他の貴族たちとの軋轢《あつれき》など政権基盤は弱体化していた。道鏡─孝謙《こうけん》上皇と藤原仲麻呂─淳仁《じゅんにん》天皇の衝突は時間の問題、という中、孝謙上皇側が駅鈴《えきれい》と天皇御璽《ぎょじ》の奪取という強硬手段に打って出て、ついに両者の激突がはじまった。

駅鈴は、全国に張り巡らされた駅制を利用して緊急連絡を各地に伝えるための利用証であり、天皇御璽は天皇の意思を伝える書類に欠かせない印章である。このふたつを押さえれば、全国に正式な命令として自分の意思を素早く伝えることができる。

九月十一日に駅鈴・天皇御璽の争奪戦が行なわれ、それに敗れた藤原仲麻呂は太政官印を持って近江へと逃亡した。結局、わずか八日後の九月十八日には藤原仲麻呂は殺害され、乱は鎮圧された。

藤原仲麻呂の乱勃発に際して、造東大寺司としても静観するわけにはいかない。なにしろ、造東大寺司長官は軍略を駆使して乱の平定に大活躍する吉備真備《きびのまきび》である。写経所では泊まり込みで働いていた経師《きょうじ》たちをたたき起こした。日ごろから体を鍛えているわけでもなく、毎日座り込んで文字を書いているような連中が、しかもわずか一六人程度では戦力として役に立つとも思えないのだが、とにかく彼らを引き連れて内裏へとはせ参じた。正倉院《しょうそういん》宝物の中には、よろいやら矢やら、藤原仲麻呂の乱の時に武器として取り出された品々があるから、これを届けるべく闇の平城京を東大寺から内裏まで約四キロ、どやどやと歩いていったのかもしれない。

たたき起こされた経師たちは、何がなんだかわからなかっただろう。好むと好まざるとに関わらず、彼らは政変劇の渦中へと放り込まれてしまったのである。内裏へ到着すると、民部卿藤原縄麻呂《ただまろ》から命令が下された。戻って、造東大寺司の守備に当たるように、という。結局何の役に立ったのか、よくわからない。

その後、翌年の天平宝字九年正月七日、天平神護へと改元される。と同時に、仲麻呂の乱で何らかの活動をした者の位を上げよ、という勅命が出された。これが「正月七日の恩勅」である。

この命令に基づいて、造東大寺司では当日夜内裏へと向かったくだんの面々をリストアップし、二月には該当者として申請する運びとなった。夜中に往復八キロの道のりを行って戻っただけのようにも見えるのだが、一応は活動したことにはなるのであろう。

彼ら以外にも、当然この正月七日勅によって位が上がった人々がいた。こうした位を上げる事務手続きの中で用いられた木簡を削った削屑が出土している（宮―三七六八など）。これらの叙位に預かった人々の中には、積極的に参加したわけではなく、なんとなく成り行きで巻き込まれたりした面々も少なからずいたと思われるのである。

そして、先ほどの削屑が出土した溝の、すこし離れた場所から、また興味深い削屑が出土した。仲麻呂一派として、官人名簿から削除する、つまり役人身分を剝奪する、と書かれたものであり、仲麻呂一派と見なされた官人を処分する事務作業で用いられた木簡の削

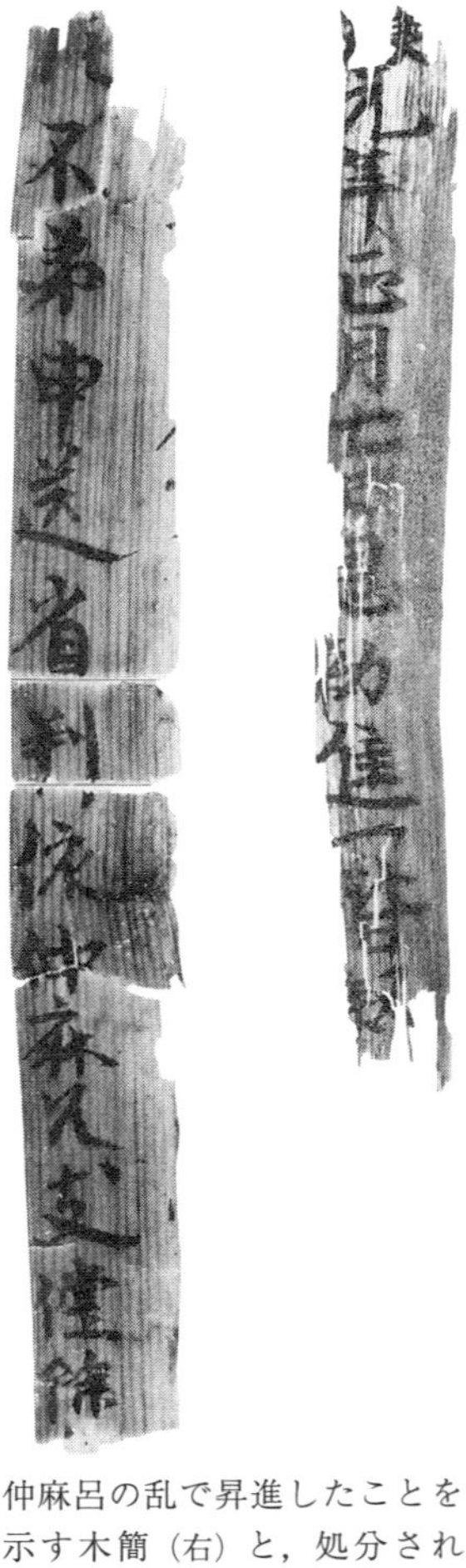

仲麻呂の乱で昇進したことを示す木簡（右）と，処分されたことを示す木簡（左）.

屑である（宮六一七〇）。

ここで除名された人も、果たして主体的に参加したのか、巻き込まれたのか。官人たちはさまざまな人脈・コネクションを網の目のように張り巡らせて時代を生きていた。和気清麻呂薨伝《こうでん》によれば、藤原仲麻呂の乱に連座しての処刑予定者は三七五人にも及んだという（『日本後紀』延暦十八年二月二十一日条）。先の写経生たちも、もし造東大寺司長官が仲麻呂と親しい人物だったら、まったく逆の結果に直面していたに違いない。「仲麻呂支黨《しとう》除名」。冷徹な文字が政変の表裏を語る。

内裏の場所と木簡

写経生たちがたたき起こされて向かった内裏がどこなのか、判然としない点がある。というのは、行幸《ぎょうこう》先の近江国保良《ほら》宮で喧嘩をした孝謙上皇と淳仁天皇（即位した大炊王）は、平城に戻ってきても別行動をとり、淳仁天皇は平城宮中宮に、孝謙上皇は法華寺《ほっけじ》に入った、と『続日本紀』に記されているのである。そしてこの状況を反映した木簡が平城宮大膳職《だいぜんしき》推定地から出土している（宮一）。

木簡の内容は、孝謙上皇側近の筑波命婦《つくばのみょうぶ》（木簡では「竹波命婦」）の命令に基づき、「醬《ひしお》」などの調味料を「寺」へ送ってほしい、というものである。筑波命婦は、もとは常陸《ひたち》国筑波郡出身の采女《うねめ》で、孝謙上皇の気に入られ、地方豪族出身者としては破格の大出世を

・寺請　小豆一斗　醬一[斗カ]□五升　大床所　酢末醬等
・右四種物竹波命婦御所　〇三月六日
259・(19)・4　081

した人物である。

日本古代で、天皇の御所を「寺」と呼ぶ例はないから、これは法華寺そのものだと考えられている。法華寺に入った孝謙上皇からの食糧請求である。平城宮を飛び出すようにして法華寺に居ながらも、平城宮内裏に居る場合同様、平城宮内の律令官司機構によって支えられていたり、あるいは律令官司機構をコントロールしていたりといったあたりの状況を具体的に窺い知ることができ、なかなか面白い。

さて、こんな状況なので「内裏」といえば直ちに平城宮内の内裏だ、とはいえない。もし平城宮内に向かったとしたら、淳仁天皇の護衛に向かった、つまり藤原仲麻呂側としての行動ということになるであろう。しかし、後に褒賞の申請をしているぐらいだから、藤原仲麻呂側として行動していたわけではなさそうだ。造東大寺司ご一行に対応している藤原縄麻呂は孝謙上皇側についている。造東大寺司長官である吉備真備が孝謙上皇側として大活躍していることも考えると、最初から孝謙側で動いたと考える方が自然に思われる。

そうすると、法華寺をさして「内裏」と称していた可能性も出てくる。内裏＝天皇の居所、という意味で用いられていたのだろう。わかり切ったつもりの用語でも、奈良時代の実態に迫るとなかなか難しい点が残る。

難しいといえば、淳仁天皇がいた「中宮院」にもいくつかの説がある。『続日本紀』には中宮・中宮院のほか、西宮などいくつかの天皇の居所がみられる。これを、平城宮内のどの区画と考えるか、という議論である。話しをややこしくしているのが、平城宮内裏外郭から「西宮」という木簡が出土しており、この木簡から考えると聖武《しょうむ》天皇の時代に内裏地区が「西宮」と呼ばれていたらしい、という点である。

今日、最も有力な見方は以下のようなものである。聖武天皇の時代には天皇の居所クラスの大型の宮殿施設は東宮と西宮だけであり、東宮が東院、西宮が内裏地区であった。その後、第一次大極殿地区が解体・再編成され、「百柱の間」と称される壮麗な宮殿へと変貌し、宮内に大型の宮殿施設が三つ並立するようになる。これを東宮・中宮・西宮と称し、東宮は東院、中宮が内裏地区、西宮が百柱の間、と考える（金子裕之「平城京の法王宮をめぐる憶測」『古代日本と東アジア世界』奈良女子大学、二〇〇五年など）。

なお先に紹介した木簡は、木簡番号「一」を付けられ、国指定の重要文化財となっている。第一次大極殿《だいごくでん》を百柱の間へと改造する工事の際に捨てられた木簡の中には、立ち小便禁止の看板やら（城三七―一〇上）、食事がまずいと苦情を述べたものが混ざっている。こんな楽しい木簡たちも、いずれは「お宝」になる日がくるのであろう。

写経所にて

さて、写経所と写経生の話題が出てきた。奈良時代の役人の生活やら仕事ぶりやらは、しばしばこの写経所・写経生の生活や仕事ぶりを通じて語られる。それは、写経所以外の多くの役所では、その活動に関する資料は今日ほとんど存在しないのに対して、写経所に関する膨大な文書群が今日まで伝わっていることによる。その膨大な文書群は、正倉院宝庫に伝わった。

写経所の文書

正倉院宝物といえば、きらびやかな工芸品や聖武天皇ゆかりの品々、遠くシルクロードを旅してきた異国情緒にみちた品々が思い浮かぶが、膨大な文書群も含まれている。上記の品々にひけを取らない優れた書跡から、ごく日常的なメモまで多種多様であり、八世紀の文書がこれだけまとまって今日に伝わっているというのは世界でも類を見ない。

正倉院宝物中の文書を正倉院文書と呼ぶ。その中核が、造東大寺司写経所の運営に関わって利用された、「写経所文書」である。正倉院文書でも有名なのは、奈良時代の戸籍や、正式な命令書や報告書などいわゆる「公式様《くしきよう》文書」たちだが、これらの公式文書がなぜ正倉院宝庫に収められたのか、というと、裏返して反故紙《ほごし》として、写経所文書に利用されたためであり、本来的にこれらの文書を残し伝えようとしたわけではない。

さて、写経所文書の内容は、基本的には写経事業を推進するための事務作業に関するものである。この写経事業の事務作業というのは、なかなか多岐に渡るプロジェクトである（『古代日本　文字のある風景』国立歴史民俗博物館、二〇〇二年など）。

まずは、写すべき経典《きようてん》のリストを作成し、元となる経典（本経）を確保しなければならない。手元にお経がなければどこからか借りてくる必要がある。また、写経所に保管している経典に、よそから引き合いがくることもあり、こうした場合はきちんと貸し出し処理をしなければならない。こうした経典リストの作成やら、成果品の管理、経典貸借の管理が必要である。

また、経典を写すのだから、墨・筆・紙といった文房具は必需品である。紙を貼り継ぐ糊だの、お経の軸だの、紐だのと細々と必要な「原材料」はたくさんある。当然、机などの「備品」も欠かせない。

写経作業に入る前に、紙を調《ととの》えなければならない。一枚ずつになっている紙を貼り継いで、巻物に仕立てられるようにする。それから、この紙をたたいて平面を滑らかにする。この作業を怠ると、筆が引っかかったり、墨がにじんだりと具合が悪い。次に界線を引く。この一連の作業を、「継」「打」「界」と呼ぶ。もちろん、長いままでは作業に差し障るから、巻かなければならない。この時点では仮の軸を付ける。ここまでは装潢《そうこう》の仕事である。

そして、写経を開始する。経師《きょうじ》（写経生）の仕事だ。経師ごとに担当する本経とそれに見合った紙を渡す。もちろん、筆や墨も渡される。写経が終わると、今度は校正に回される。校正作業を行なう担当者を校生《こうせい》という。

校正作業が終わると、ふたたび装潢の出番である。仮軸が切り離され、経典用の立派な軸が付けられる。巻物の表紙や紐も取り付けられる。さらに、選び抜かれた文字上手、題師が経典の題名を書いた外題を用意し、表紙に貼り付けられる。写経は、あたかも手工業生産であり、写経所はまるで工場のようである。その各工程を滞りなく進めて、必要な物資を円滑にしかも無駄なく手配する事務作業たるや、なかなかのものである。

写経事業に従事する人々の管理も当然必要になる。仕事の割り振りやら、労働状況の把握やら、給料（布施《ふせ》）の支給やら、食糧の支給やら、作業服（浄衣）の手配やら、と挙げたらきりがない。休暇の申請もあるし、新規採用希望者もいる。新規採用となれば、文字の上手下手をみる技術試験（試字）とともに、身元の確認（勘籍《かんじやく》）をしなければならない。

これらの事務作業を効率よく、かつ有機的に行なうため、帳簿が作成された。膨大な書類・帳簿によって、写経事業が推進され、役所の事務作業が運営されていた。役所の様子を伝えるこれほどの資料は他にないから、どうしても写経所に軸足をおいて、役所の運営実態や下級官人の生活・仕事ぶりを論じることが多くなる。一見無味乾燥な帳簿でさえも、他の帳簿とよくよく照らし合わせてみると、古代人の働きぶりが垣間見られたりする。本書でも、正倉院文書やその研究に依拠しながら述べる部分は多い。

きらびやかな宝物を伝えた正倉院宝庫が、そうしたきらびやかな品々とは無縁にもみえる役所の日常業務や、そこに働く人々の息吹をも伝えてくれた。正倉院は素敵なタイムカプセルである。だから、写経所の世界についても、少し知っておく必要がある。

写経所の主力となる労働力は、経師（写経生）、校生、装潢である。管理にあたる案主《あんず》も、もとは経師だったりする。彼ら以外には、下働きとして仕丁《じちょう》や自進《じしん》といった人々がいる。写経生は主として下級官人クラスの人間であるから、下級官人の一つのサンプルといえる。

写経生の仕事と収入

写経生の仕事は、いうまでもなく経典の書写である。給料は出来高払いで、書写した「紙」の枚数によって「布施」が支給される。経典によって、「紙」の枚数は変化するが、一枚当たりの文字数はほぼ同じだから、「紙」単位で労働量が判断される、というのは合理的といえよう。写経に必要な墨・筆も、書写した紙数に応じて補給される。基本的には現物支給のようだが、筆の代金を支給している例もある。硯や机は備品扱いなので、写経生個人宛には支給されない。

写経事業の予算書や決算書が残っているケースがある（大日古一三―五〇）。これらを例として、写経生の仕事量と収入の「標準」がどの程度であったのか、みてみよう。

書写枚数は一日七枚。書写四〇枚につき布施の布一端《たん》というのが奈良時代後半の相場である。注釈が書き込んであって文字数が多いような場合は三〇枚で布施一端が支給される。日収に換算すると、だいたい〇・二端という計算だ。ただ、奈良時代も末になると、世の中が世知辛くなったのか給与額が半分になってしまう。

写経生には、出来高払いの布施とは別に、作業着一式と、食事が支給される。作業着は季節に応じて、ふんどしなど下着から綿の入った防寒上着まで一通りそろっている。写経事業の規模によって、暑い時期と寒い時期にまたがるなら、いろいろと確保しなければならない。これは、作業に従事さえすれば支給される。食事は、米が一日二升のほか、前に見たような副食物がつく。食事は出勤すればもらえる。たくさん書写したからおかずが一品増える、というような規定は見あたらない。

では、実際はどの程度働いていたのか。写経生の勤務状況を示した帳簿類を整理した研究がある（中村前掲書）。それによると大体平均一年に二〇〜二五端ほどの布施が平均で、これは奈良時代末でも大体同じであるという。この額が多いのか少ないのか、にわかに判断できないが、奈良時代末の例を元にした計算によれば銭換算で八〇〇〇文＝八貫ほど、米換算で一二〜一三石ほどになるらしい。この米の量は奈良時代でのそれだから、今日でいうとおよそ五石ほどであろう。単純計算で五人家族が養えるほどの収入である。

たとえば、下級官人が長上官として勤務していた場合を考えてみよう。正《しょう》八位クラスで季禄が絁《あしぎぬ》一疋・綿一屯・布三端。季禄をもらうための必要日数は半年で一二〇日。宝亀三年（七七二）十一月の資料によると「東絁」というのが値段にばらつきがあるが平均すると一匹九七〇文ほどで、同じ資料には「絹絁」というのが一匹九五〇文となっている。大体絁は一匹一〇〇〇文程度が相場のようだ。布の二・五倍ほどの値段という見当である。綿は屯あたり六〇〜七〇文程度の額が散見される。これで換算すると、季禄は二三〇〇文ほどとなり、年間二四〇日以上勤務して季禄をすべて受け取っても四六〇〇文に届かないぐらいの計算である。

繊維製品の価格も、奈良時代の中で大きく変化しているから、この計算も大雑把な数字である。だが、おおよその傾向は確認できると思う。そして、こうして確認してみると、布施の額だけをとっても、写経生たちの収入は決して低くはなさそうなのである。

「不食米」という給与

さらに、見過ごせない収入がある。彼らには一日二升の米が食糧として支給される。庸米も一日あたり二升で計算されているので、「一日二升」は奈良時代の標準であった。二升は、今日でいうと八合ほどである。現代の換算で、朝夕二食とすると一食四合、三食食べても一食二合《ごう》七勺《しゃく》ほどで三合近い。今日と比べ、いくら副食物が少ないとはいえ、どうも多すぎるように思う。江戸時代、武士の俸禄に「扶持米《ふちまい》」というものがあり、これは食い扶持に相当するものだが、一人扶持が一日五合ほどだったという。江戸時代と現代の五合は同じと考えてよいから、これと比べてもやはり、奈良時代の一日八合分というのは結構多い。

この点について、実際に食する分は厨房に確保して、それ以外は米のまま支給したのではないか、という指摘がなされている。また、「余米」といって副食物購入の費用に回された、という例があることから、二升の米を食米分と副食購入分と考える見解もある（関根前掲書など）。

写経生たちの場合、副食物の予算がちゃんと別に用意されていることから考えると、後者の見方には若干疑問が生じる。とにかく重要なことは二升の米の中には、そのまま食用に供される分と、それ以外の分が含まれていた、という点である。

これに関連して、興味深い木簡がある。「不食米《ふしょくまい》」という米の帳簿木簡である（京四六〇三など）。この不食米は、おそらくは支給される米のうち、まさに「不食」の米を指すのだと思う。一日当たりの不食米は六合から八合程度である。不食米の分を支給額の二升から差し引くと、残りは一升二合から一升四合程度、現代に換算すると五合前後となる。この数字は実際に食用に用いた分量として、適当な数字である。

こうした不食米を管理する帳簿が見つかっているということは、不食米の管理や支給が行なわれていたことを示す。そして、おそらくこの「不食米」は、それぞれの人物に米のまま支給されたのであろう。古代下級官人たちにとって、公定支給量から実際に食べた分を引いた「不食米」は、重要な収入源の一つだったのではないだろうか。

布施が、写経の紙数に応じた歩合給なのに対して、毎日の食事は固定給である。極端に言えば、一行しか写さなくても、出勤と認められさえすれば、食事は支給される。そして、その食事は、たんなる食事ではなかった。「不食米」という給与でもあったのである。写経所にいるだけで、経師たちには一定の給与が保証されていたのだ。

写経所側から考えると、恐ろしいことである。写経事業の予算では、布施の額は写経の紙数によって決まってくるから、最初から計算できる。紙や筆・墨の総量も計算できるから、予算化がすぐにできる。動員予定の経師の人数が決まれば、衣服の支給数なども決まる。そして、紙数と動員予定の経師の人数から事業の予定日数が決まり、それに応じて食費やらの額が計算されるはずである。だから、もし経師が予定よりしっかり働けば、食費などは浮くはずなのだが、逆であればどんどん不足してしまう。よく働く経師を確保すること、あるいは出勤した経師が必死で働くような環境を用意することは、写経所にとってかなり重要な課題だったに違いない。

ちなみに、先ほどの数字から計算すると、年平均の布施受給が二〇端ほど、一日の収入が計算上は〇・二端ほどということからすると、年平均の労働日数は一〇〇日前後、仮に不食米が毎日八合とすると年間で八斗《と》のボーナスである。また、年の三分の一程度は食事が確保されている計算だから、食費を計算しなくてよくなる分が三斗ほどであろうか。合計一石《こく》余り、現代のおよそ四斗＝一俵・六〇キロほどの「ボーナス」が発生する計算となる。もし、もっとゆっくり仕事を進めれば、このボーナスは雪だるま式にふくらむ。

さて、写経生たちの借金の証文がたくさん伝わっているから、サラ金に追われているイメージが強い。夜逃げをして工事現場に潜り込んだらしい者もいるし（大日古一五―四四二）、女房子供をカタに借金をしている者もいる（大日古一九―二九七）。

だが、基本的に彼らはそれなりの高所得者であった。借金をしていたのは確かなのだが、単純に貧乏で貧乏でしょうがないことがその理由だ、ということが果たして言い切れるか、疑問が残る。たとえば、まあ、少々の借金ぐらいいいかな、というような状況が、背後にあったという可能性はないだろうか。

写経生の宿舎

写経所には宿舎が完備されていた。一例を紹介しよう。

宿舎の周りには、垣が廻らされていた。その垣で囲まれた区画の中に、

便所らしき遺構の発掘調査風景．へらで掘り出されている棒状の木製品が籌木．

宿舎が立つ。同じ一画に、湯屋《ゆや》や厠《かわや》もあったらしい。このほかにも、調理を行なう厨《くりや》、食事のための食宿板屋などの名前も史料に散見するから、生活に必要な施設一式が揃っていたと考えられる（福山敏男『寺院建築の研究　中』中央公論美術出版、一九八二年）。

厠はどうも瓦葺らしい。ずいぶん立派な便所で用を足していたのだが、その排泄物の処理は残っている資料からはわからない。平城京内では、条坊《じょうぼう》の側溝《そっこう》から水を引き入れた便所らしき遺構も見つかっているが、すべての条坊側溝がいつでも満々と水をたたえ継続的な水流があったかというと、疑問が残るから、このタイプの便所も京内全体で利用されていたわけではあるまい。

平城宮内で、便所の可能性がある遺構は一例（『奈良文化財研究所紀要二〇〇八』）。籌木《ちゅうぎ》が束になった状態で出土しており、数本まとめて用足しの後に使用したのであろう。周辺がその後ゴミ捨て場として利用されたため、便所の建物や便器などはわからないが、それほど立派な建物ではなかったと考えられる。写経所の便所は別格であり、排泄物の処理もまたすこし違った工夫が為されていたのかもしれない。

湯屋と厨に関しては面白い資料がある（大日古一四—四一二）。天平宝字四年（七六〇）、東大寺写経所が経師等の厨と湯屋を作るために「板屋」を調達した。どこかの建物を確保し、移築・改造しようということらしい。そしてこの板屋がなかなか大きな建物で、桁行《けたゆき》一五間梁行《けんはりゆき》四間というから、すくなくとも二面は廂《ひさし》がついた建物であろう。厨と湯屋という二つの目的に使うのだが、建物は一棟。いくつかの可能性が考えられるが、中央を通路にして、両側のそれぞれ七間分を厨と湯屋に用いる、というように、建物の中を分割して使うという方法が考えやすい。厨と湯屋では随分とかけ離れているように思えるが、どちらも水と火を使う施設である。火の管理がうるさいことはすでに述べた。水の調達も、水道をひねれば水が出るわけではないから、一仕事だ。だから、水と火を用いる場所が隣接していることは非常に合理的だということができるだろう。ちなみに、湯屋の方は黒葛《くろかずら》で垂木《たるき》を結びつける、という構造を取っているが、これは当麻寺《たいまでら》本堂などでも用いられている技法である（以上、厨と湯屋について箱崎和久氏の口頭でのご教示による）。

宿舎は、土間《どま》ではなく、床張りの建物だったらしい。夜になると明かりが灯された。三〇日で三升、一日あたり一合である。油は高価で、そうどこでも油を灯すことができたわけではない。ちょっとセレブな感じだっただろう。実験によると灯明皿《とうみょうざら》一皿の油消費量は、一時間あたり大体一二ccほどだという（『長屋王家報告』）。これを元に計算すると、上記の経師宿舎用の油は、六皿／時ほどの分量である。一晩中つけておくとしたら灯明皿一基分だが、夕方六時から八時ごろまでなら三基の灯明皿に火を灯すことができる。

宿所の具体的な広さや、設備の詳細は残念ながらわからない。ただ、ちょっと興味深い資料がある。天平宝字四年正月十五日付けの東大寺写経所が必要な物資を書き上げた中に記された、折薦畳《おりこもだたみ》の枚数である。写経を行なう経堂での必要枚数が三〇枚、宿所での必要枚数が六〇枚と計上されている。座って仕事をする場合は半分、寝るときは一枚ということだろうか。

ただし、この帳簿には赤字で随分と修正が入っているし、リストアップされている経師等の人数との関係もなにやら一見つじつまがあうもののよく考えるとおかしい点が多々あるから、少し慎重に扱わなければならない。古代から、「起きて半畳寝て一畳」だった、という程度のことはいえそうである。

写経生は写経所に泊まり込んで、昼となく、夜となく働いていた、とよく述べられる（栄原永遠男『天平の時代』集英社、一九九一年など）。たしかに、藤原仲麻呂の乱の際に、夜中にもぞもぞと出動できたのも、写経所に泊まり込んでいたからであろう。

これに対し、写経所の宿泊施設に関する資料が少ない点から、必ずしもいつも泊まり込んでいたのではないだろう、という見解もある（中村前掲書）。たしかに、写経生の宿泊施設に関する資料は決して多くはない。これらのことから考えると、必ずしもいつもすべての写経生が写経所に泊まり込みで働いていた、ということは断言できないであろう。近所に確保した自分の家等からの出勤というケースも考えられる。泊まり込むか否かが、写経事業ごとの相違なのか、各人の個人的事情なのかといった点をもう少し整理する必要があるのだが、ちょっとそこまでは手が回らないので、この辺りまでとしよう。

写経生のくらしぶり

写経生たちは、このほかにも写経所勤務ならではの恩恵にあずかることがあった。たとえば入浴である。入浴が今日のように一般的でなく、「贅沢」であったことは広く知られている。奈良時代でも、そうそういつも入浴できるわけではない。

だが、比較的日常的に入浴する場所がある。寺院だ。僧侶が体を清めるために入浴するのである。東大寺《とうだいじ》にも、興福寺《こうふくじ》にも湯屋《ゆや》が残り、飛鳥《あすか》の川原寺《かわらでら》では湯屋に関わるかとされる鉄釜を作成した遺構が発見された。確実な風呂の遺構として最古のものは長岡京の宝菩提院《ほうぼだいいん》跡で発見されたが、これも寺院である。

写経を行なっているのは俗人で、官僚機構だが、その仕事内容は仏教行事である。出来高払いの給料が「布施」であることも、こうしたことの反映だ。仏教行事に従事する写経生であれば、僧侶に準じて入浴していても、不思議ではない。

写経所には浴槽が備えられていた。写経生に支給される作業着の中に湯帷子《ゆかたびら》も見られる（大日古一五―六七）。下働きの仕丁の中には「湯沸《ゆわかし》」を担当している者もいる（大日古一五―四）。普通に暮らしていたらなかなか得られない入浴の機会を、写経生たちは比較的頻繁に得ることができた。

入浴というと、寒い時期に体を芯から温める、という印象をもつが、彼らの入浴目的はどうやらそうしたことではないらしい。湯帷子は夏に支給される品目に数えられている。僧侶の入浴や光明《こうみょう》皇后の「から風呂」伝説同様、仏教行事に際して身体を清め、また皮膚を清潔に保つことが目的だったのだろう。

通説的には、写経生は不潔な労働環境で皮膚病を頻発していた、とされる（栄原前掲書など)。これは、休暇願の理由として、皮膚病や作業着の洗濯がよくみられることが根拠だ。しかし、彼らの仕事が写経事業であり、沐浴《もくよく》して体を清めていることから考えても、当時の社会ではむしろ清潔な方だろう。また、洗濯を理由に休暇願を出しているような場合が、文字通り洗濯のためかどうか、少し疑ってもよいのではないだろうか。写経が仏教行事であることや、あるいは伝染病予防の観点からも、「作業着を清潔に保つために洗濯します」というのが、休暇を取りやすい口実だった可能性も考えておきたいと思う。

さて、下級官人たちというと、「貧しかった」という印象が強い。一流の貴族と比べたら、それは確かに事実だ。だがここまで見てきたように、その生活水準が一概に低いとはいえないこともまた事実である。収入はそこそこあるし、家の中をのぞくと必要な品はそろっている。支給されるのは白米である。日本史上、白米をたらふく食べられた人々が決して多くないことはよく知られる通りだ。さらに、子供や親類縁者も役人になれるチャンスもある。全国から駆り出されてきて、国元を夢見て逃亡を繰り返す仕丁たちとは決定的に異なる。たとえば写経所でいうと、経師・校生・装潢であれば入浴でき、仕丁たちは入浴できない。

だが、さらにもう一つ注目しておきたい点がある。それは、実は下級官人層と白丁層《はくてい》＝

一般農民層との間の身分が、案外流動的だということである。借金を踏み倒すべく夜逃げをした下級官人は白丁たちに混ざり工事現場に潜り込んでいた。白丁の中には、資人《しじん》として貴族に仕えて官人になる者もいた（中村前掲書）。白丁には、こうして下級官人身分を獲得する可能性を秘めた人々と、駆り出されて逃げるしか方法のない人々がどちらも含まれていたわけだ。

巨大な律令官司機構の中の、ごく小さな役所である写経所にも、こうした一連の人々と、その活動が詰まっていたのである。

写経生は辛かったのか

写経生をはじめとする下級官人たちの生活は、苦しかったのか。

栄原永遠男氏をはじめとする先学の書物を読むと、非常に苦しく、つらい。よくもまあ、これでも勤務していたと思うような姿が浮かび上がる。例外的に、比較的彼らの生活を明るく描くのは中村順昭氏ぐらいであろう。勤務先の漆《うるし》を盗み処罰された下級官人が『続日本紀』にも登場する。生活が苦しかったのだろうか。

だが、これまでの検討でおわかりいただけたように、少なくとも写経生たちの収入はそれほど悪いわけではない。この状況をどのように考えるべきなのだろう。

下級官人の収入について考えるとき、しばしば用いられるのが、最高位の正一位から最下位の少初位下までの収入を棒グラフにした図である。これをみると、たしかに下級官人の収入は惨めなものだ。だが、殿様と下級武士では生活も収入も違って当然である。貴族が多くの人々を抱え込んだ、ひとつの経営体であることは、すでにみた通りだ。そもそも、正一位から少初位下までを一律に比較すること自体、便利ではあるが無理のある見方だと思う。

単純に収入だけを考えると、下級官人もそこそこの生活を維持できそうな数値がはじき出される。少なくとも、数字だけでいえば、彼らの生活水準は悪くない。下級官人層といわれる人々の宅地の出土品も、それなりの水準を保っている。農村の住居跡とは、違う。

今日でも、背任容疑で逮捕される人が、常に「生活苦から」とは限らない。むしろ、賭けごとや株などで借金を重ねた挙げ句に、会社の金を使い込んだ、というような報道の方が多いように思う。勤務先の漆を盗んだのも、生活苦なのか、それとも欲に目がくらんだのか、『続日本紀』は記してくれてはいない。

あとは、彼らの借金の様子や、あるいは休暇申請の言い分をどのように聞くか、というような点にかかってくるだろう。この点については、後の「下級官人たちの主張」の章でゆっくりと耳を傾けることにしたい。

＊九一頁　弁官曹司について：その後の発掘調査で、塼積官衙より南で弁官曹司と推定される施設群が発見され、塼積官衙は中務省または外記局と想定されている（「平城宮東方官衙地区の調査—第六一五次」（『奈良文化財研究所紀要　二〇二〇』奈良文化財研究所、二〇二〇）。

生活断章

道行く人々

物乞いと流民

寺院や市の周辺には、さまざまな人物が集まっていた。その中に、流民たち、物乞いの姿もあった。逃亡衛士《えじ》・仕丁《じちょう》・奴婢《ぬひ》たちの中にも、この群れに混ざったものが少なからず居たであろう。『日本霊異記』には、薬師寺《やくしじ》の東で「乞食《こつじき》」をする人の姿が描かれている（下巻第一一）。薬師寺の東に住む目の見えない彼は、眼が開くという日摩尼手経《にちまにしゆきよう》を唱えながら、薬師寺の東門を中心に活動していた。また、正午の鐘を合図に、薬師寺に行って、僧侶から食物の施しを受けた、という。

彼は、寺院という多くの富・物資・人が集まる施設や、そこでの僧侶たちの生活サイクルを承知して、それに合わせて命をつないでいた。都市機能の動きや、都市に存在する巨大な機構の行動を熟知した、巧みな行動と評価することもできよう。

だが、同時に、彼は仏法を深く信じていた人物として描かれている。露命をつなぐために寺院を利用していた面も確かにあるが、同時に経文を口ずさみながら仏法を信じる者である彼にとっては、寺院は救いの場であったともいえるだろう。そして、僧侶たちは彼らに施すことをいとわなかった。当時の社会では一級の知識人であり、特権階級に属していたであろう官の大寺・薬師寺の僧侶たちは、門前に座り込むこの盲人を、その学識・地位・権勢を振りかざして排除するのではなく、同じく経文を読み、仏法を信じる者同士として、施しを与えていたのである。たんなる巨大な都市荘厳施設ではなく、宗教施設たる寺院の面目を示していると言えようか。

一方、『続日本紀』は天平宝字《てんぴょうほうじ》三年（七五九）五月九日条では「市辺に餓人多し」と指摘し、天平宝字八年三月二十二日条でも「東西市の頭《ほとり》、乞丐《こつがい》の者衆《おお》し」と市周辺にたむろする物乞いの人々を取り上げている。

こうした物乞いの人々は、なぜ発生するのだろうか。古代社会はかなり強固な共同体が健在だったはずだから、多少生活に困っても、いきなり物乞い、というのは考えにくいだろう。彼らは親類縁者や、地縁《ちえん》関係といった、共同体から切り離されてしまい、流民化した人々なのである。どうして切り離されたのか。衛士・仕丁などとして平城京に駆り出されたような、国家の強制は、一つの大きな理由であろう。

流民の理由

そして、先ほどの『続日本紀』天平宝字三年（七五九）五月九日条は、市辺に集まった流民の出自を、「流民が多い」という指摘に続けて、次のように鮮やかに語る。

其由《そのよし》を尋問するに、皆の云はく、諸国の調脚《ちょうきゃく》郷に還《かえ》り得ずして、或は病に因《よ》りて憂苦し、或は糧《かて》無くして飢寒すと。

帰郷したくてもできない「調脚」（運脚《うんきゃく》）が、この流民集団の最大の理由である、という。運脚は調庸《ちょうよう》物を京まで運ぶ人々で、賦役《ふやく》令に規定がある。それによると、「均しく」庸調の家から出すことになっている。運脚もまた、強制によって京に駆り出された人々である。

その食糧などは、納税者側、つまり庸調の家の負担であった。このことが、悲劇の一つの理由となっていた。『続日本紀』は、和銅五年（七一二）十月二十九日条では、運脚は都からの帰途に食糧が欠乏し、無事帰郷できないでいると指摘し、養老四年（七二〇）三月十七日条でも帰郷の路程の食糧がないため、その帰路が艱難辛苦を極めていると述べる。古代政府自らが認めて述べるように、奈良時代はじめから、道中やら京に滞在中に食糧を食べ尽くしてしまい、帰ろうにも帰れない運脚が発生していた。調庸物を背負い、さらに往復・在京中の食糧まで確保して旅をする、というのはどだい無理な話なのである。

むろん、運脚すべてが国元に帰れず、全滅したわけではないだろう。それでは国が滅びてしまう。だが、にっちもさっちも行かなくなった連中が目立っていたこともまた、間違いない。食糧が尽きた彼らに残された道は、のたれ死にか流民化しか残っていない。木簡に記された「辛苦のため、人夫が持っていたわずかばかりの食料も、底をついてしまいました」という文字は実に切ない（宮―二二二二）。そして、こうした流民たちは主として首都平城京とその周辺で発生し、そこで何とか生き延びようとしていたのである。

流民の増大は、首都の社会不安・治安悪化などを引き起こしかねない。『続日本紀』天平二年九月二十九日条は、聖武《しょうむ》天皇の詔《みことのり》を載せる。そこではまず、治安の悪化を叫び、徹底した取り締まりを命じる。そして、特に問題となる不穏な動静を三つ指摘してその取り締まりを命じるのだが、そこで挙げられているなかの一つが次のような内容である。

近く京の左側の山原に、多くの人聚集《しゅうしゅう》し、妖言《ようげん》して衆を惑はす。多ければ則《すなわ》ち万人。少くとも乃《すなわ》ち数千。

平城京の左側の山原、というから、東側の山裾、現在東大寺がある辺りから飛火野《とぶひの》あたり

表面に「辛苦之間」と記す木簡．裏面には「強盗」とあり，どうも物騒である．

であろう。ここに少ない日でも数千、多い日は万に上る人々が集まる、という。この記事をみる限り、それで反政府クーデターを企てているとか、破壊行為に及んでいるとか、そういうことはない。「妖言」して人々を惑わしている、というから、カリスマ的な人物を中心に人々が集会し、組織されつつあるものの、目に見える実害は発生していないようだ。批判の仕方も、なんとなくはっきりしない。だが、首都の隣接地、それもおそらく平城宮内裏からもよく見える場所に、得体の知れない万に及ぶ群衆が集まる姿は、聖武天皇はじめ政府顕官の目にはいかにも不気味に映ったであろう。

政府は首都住民に対する都市政策とならんで、こうした流民化した人々への対策も講じざるを得ない。流民の元を立つべく、運脚の帰郷支援を命じたり、帰国を促したりするのだが、なかなか解決しない。和銅～養老年間（七〇八～七二四）には、それぞれ帰郷時の食糧支給を命じるなど一定の対策を講じてはいる。天平宝字三年には、「常平倉《じょうへいそう》」という制度を設けての対応を命じている。

だが、根本解決に至ったとは考えがたい。なにしろ、奈良時代の最初のころに、問題がすでに指摘され、一定の措置が取られたにもかかわらず、奈良時代後半になってなお同じ問題が指摘されているぐらいなのだから。

流民と行基

ならば、積極的な大型公共投資を行ない、雇用創出をしたらどうか。国難には一致団結して当たらなければならない。

時の政権担当者がそう考えたかどうかはわからないが、奈良時代半ばには巨大土木工事が連続する。遷都や離宮の造営、そしてなんといっても東大寺の造営である。東大寺の造営は、智識《ちしき》という考え方で、あまねく全国民が参加し、仏法に帰依《きえ》し、その加護《かご》を受けるという方針が示されている。仏法を通じて社会を安定させ、人々の暮らしを豊かにしようという目的のために、国中が一致団結することを標榜《ひょうぼう》しての事業であった。

これに積極的に協力したのが、行基《ぎょうき》である。彼は、かつては政府の弾圧の対象となっていた。流民化した人々に積極的に布教活動を行ない、組織化していたのである。

『続日本紀』養老元年（七一七）四月二十三日条は、国家による仏教統制策として、当時の状況が僧尼令に反していることを三箇条に分けて厳しく指摘し、その取り締まりを命じる詔を載せる。そこで糾弾されている内容は、令の規定によらない出家、すなわち私度《しど》僧《そう》の問題であり、またこうした私度僧たちが布教活動を展開したり、呪術的行為を行なうことである。糾弾の言葉は辛辣を極め、私度僧については「容貌はさもさも僧侶のようだが、その心たるやまるで犯罪者だ」と決めつけ、呪術行為は「嘘をついて怪しいことを並べ立てる」「いい加減な占いをしては人々を脅かす」などとこき下ろす。そして、この中心にいるのが行基だ、という。詔は、行基とその集団について、次のようにまくし立てる。

小僧行基めとその弟子たちは、町中に群がっては、もっともらしく因果応報《いんがおうほう》を説いている。徒党を組んで徘徊し、指に火をつけてみたりと怪しげな行為で人々をたぶらかし、家々をまわっては無理矢理寄付をふんだくる。「聖道」だ、聖なる行ないだ、と嘘偽りを言って人々をだましている。これにだまされた連中が、また仕事を棄てて行基集団に加わっている。仏教の教えにも、律令の規定にも反した、まったくけしからん行為である。

わざわざ行基を名指しで糾弾しているぐらいだから、その影響力が窺い知れよう。「小僧行基」と憎々しげに呼び捨てる言葉に、法律でも、脅しでも、天皇の権威でさえも統制できない宗教的高揚への苛立ちが読みとれるのではないだろうか。さきに述べた、平城京東山中での集会にも、行基が関わった可能性が考えられている。

行基は畿内の交通の要衝に、橋を架け、布施屋を立てて交通インフラを整備した。めざましい実行力と組織力である。その行為の背後には、苦しむ衆生《しゆじよう》を救うという確固たる信念が貫いている。流民化した人々からみれば、まさに「菩薩《ぼさつ》」に見えたのであろう。

仏教を国家鎮護と王権の荘厳のみに利用しようとする立場からは、これほど目障りで危険な存在はない。だが、「智識」によって人々を御仏《みほとけ》の元に結集し、事業を成し遂げようとしたとき、これほど心強い集団もなかったのではなかろうか。

かくして、流民たちの一部は大仏造営という興奮のるつぼへと身を投じていくこととなる。しかしながら、衛士や仕丁や運脚ある限り——都市がある限りなのかもしれない——、流民は再生産され物乞いは発生する。第二・第三の行基菩薩を待ちわびながら、路傍に臥せる彼らの姿を見いだすことは、平城京では容易なことだったように思う。

生駒山中の不審者

行基菩薩に関連して、『日本霊異記』は、こんな話を伝えている。

置染臣鯛女《おきそめのおみたいめ》という女性は、富《とみ》の尼寺の尼僧の娘であった。富の尼寺とは、行基が開いた登美院《とみいん》に付属する尼寺である。ある日、彼女は大きな蛇が蛙を飲み込もうとするのを目撃する。信心深く慈悲深い彼女は、蛇に、「七日後に妻になる」と約束して蛙の命を助けてもらう。だが、いざその日になって蛇がやってくると恐ろしくてならない。

そこで、生駒《いこま》の山寺にいる行基を訪ね、ことの次第を話すが、さしもの行基も手の打ちようがなく「それが宿縁である」と諭し、持戒《じかい》を促す。その帰り道、鯛女は、大きな蟹を持った老人と出会う。彼は、摂津《せつつ》国菟原《うはら》郡の画問邇麻呂《えどいのにまろ》という七十八歳の老人で、難波でこの蟹を入手し、約束した人の元に運ぶ最中だという。「殺生をしない」という戒律を守りたい鯛女は、着ていた服・裳まで脱いで渡し、ようやくこの蟹を手に入れる。そして再び行基のもとを訪れ、呪文を唱えてもらって蟹を解き放った。そしてこの蟹が、鯛女のもとにやってきた蛇を切り刻んで、恩返しをしたという。また、後に画問邇麻呂を探したが、見つからず、おそらく彼は聖者の化身であったのだろうということである。

蛇がかわいそうだとか、殺生を犯さないはずなのに蛇が殺されているとか、そういう細かな点は目をつむるとしよう。裳まで渡してしまって、おそらくは半裸に近い状態の若い女性が蟹をぶら下げて道を歩いている異常さも、ひとまず不問としよう。だが、歴史を学ぶ立場から、どうしても不思議なのが画問邇麻呂という老人である。聖者の化身である点が不審なのではない。彼の行動や言い分は、実に不思議で興味深いのである。

彼は、摂津国菟原郡の人で、蟹は難波で「たまたま」入手した、という。そしてその蟹を「約束をした人」に届ける、という。邇麻呂が歩いていた場所などから考えて、約束相手は平城京に居たのであろう。難波で「たまたま」蟹を入手したにもかかわらず、すでに平城京に「約束相手」がいる。どうやって約束相手と連絡したのであろうか。事前に「もし手に入ったら持ってきてほしい」という約束をしていたのだろうか。だが、邇麻呂は摂津国菟原郡の人で、平城京の人ではないようである。いつ約束相手と接触したのだろうか。

それに、このじいさんは、何をしに摂津国菟原郡から難波まで来たのだろうか。大きな蟹をぶら下げた老人が山の中を歩いていたら、それだけで不審である。

このように、落ち着いて考えるとずいぶん不審で不思議な点が多いのだが、鯛女はいぶかしくは思っていない様子だ。物語の中の出来事だからなのか、鯛女が蛇騒動で気が動転していたためか、はたまたこの説明が実は当時は十分通じるものだったのか。真実味がなければ、霊験譚《れいげんたん》も意味をなさないだろうから、邇麻呂の説明は当時の人々に受け入れられるものであったと考えたい。

鯛女の居住地と行基のいた生駒山寺の場所を考えると、邇麻呂と鯛女とが出会ったのは、生駒近辺や矢田丘陵あたりであろう。生駒山寺にせよ、登美院にせよ、平城京と難波を結ぶ交通路に近接していた。その道を通って、難波や住吉周辺の新鮮な海産物を平城京にもたらす邇麻呂のような人々が、少なからずいた。任官を求める賄賂《わいろ》に生鰯を使った男もいる。こうした状況が前提となって、広く受け入れられる逸話となったのであろう。

そしてもう一つ、摂津国菟原郡の人物である、邇麻呂がなぜ難波経由で平城京に向かっていただろうか。菟原郡に拠点があって、普段都で生活をしていたとか、その逆など、いろいろ想像できる。ともあれ、こうした平城京とその周辺地域の間の活発な交流がこの物語の背景にあったことは間違いない。

そして、こうした都とその周辺との活発な往来こそ、行基の活動の基盤となるものでもあった。そもそも国家的給付や支援を受けずに、信仰集団を維持し、社会活動を展開できた背景には、さまざまな後援者が存在したと考えざるを得ない。行基が畿内で主たる活動を展開していることから考えて、畿内の有力者たちがそうした後援者だったのであろう。彼らの活動の意義は、後ほど再び触れることにしたい。

平城京には、全国のさまざまな人々が集まり、集められていた。これまで触れなかった集められた人に、隼人《はやと》がいる。

隼人の盾

薩摩・大隅《おおすみ》半島に住む隼人の人々は、「異民族」とされた人々である。交替で都に上る者と、都城近郊に住む隼人たちが、衛門府《えもんふ》の配下にある隼人司という役所に配属されて役目についた。元日朝賀《ちょうが》や即位をはじめとする重要な儀式に際して、独特のいでたちで門前に列立して威儀を調え、さらに「吠声《はいせい》」とよばれる独特の発声法で、邪気を払い天皇を守護するという、非常に重要な役割を担っていた。

奈良時代前半にはいくたびかの隼人反乱の記録があり、大伴旅人《おおとものたびと》もその制圧に赴いている。奈良時代半ば近くになると、藤原広嗣《ひろつぐ》の乱で隼人が登場する。大宰府に詰めていた隼人は、なりゆき上、広嗣方についていた。広嗣にとっては頼もしい戦力だったろう。これに対して、都にいた隼人が出向いて、隼人言葉で投降を説得した。たちまち隼人たちは投降した、という。膠着《こうちゃく》状態の戦線が動く、大きなきっかけとなった。

一方、都での隼人たちの活躍ぶりを示す史料はほとんど残っていない。わずかに、長屋

隼人の盾

王木簡中に轆轤師《ろくろし》とともに登場する（城二五―三二下）。『延喜式《えんぎしき》』によれば、隼人は竹細工に堪能な様子なので、長屋王邸宅でも木工や竹細工に従事していたのかもしれない。

そうした中で、かれら隼人の心意気・誇りを今日に伝えるような遺物が発見されている。重要な儀式で、隼人は専用の「盾」を手にして列立する。それが、出土しているのだ。

この隼人の盾も、見ようによっては律令国家の侵略の産物であり、帝国主義の権化《ごんげ》に他ならない。ただ、はるか奈良時代に、確かにこの平城の地にこの盾が打ち立てられたその姿を思うと、もうすこし単純に感動してしまう。

独特の渦巻き文様は、南方の鼓動を感じさせてあまりある。この盾を、どっかりと平城宮の地に立て並べて、隼人たちは吠声を発し、儀式を、天皇を、国家を邪悪なものから守ったのである。

史料上からみると、奈良時代に天皇や国家を「鎮護《ちんご》」した主たる霊力は仏教だったようにみえる。しかし、中国的な宮殿群に囲まれた平城宮の中で、皮が付いたままの「黒木」を用いるような、原初の香り高い大嘗宮は営まれた。脈々たる精神世界と、押し寄せる精神世界と、その激しくぶつかり合う中心に、平城京があり、奈良時代は位置していたように思う。神仏は未だ習合《しゅうごう》せず、あたかも混沌と共存していた。隼人の盾は、そんな時代の語り部である。

いのりのかたち

疫病と祈り

天平《てんぴょう》七年（七三五）に九州で流行の兆しが見られた天然痘《てんねんとう》は、一度は下火になったとみられた。ところが、天平九年には平城京をも飲み込んでしまう大流行となった。『続日本紀』は、天平九年の記載を終えるにあたり、次のような言葉を伝えている。

今年の春、疫瘡《えきそう》が大発生した。初めは筑紫《つくし》から広がって、夏から秋にまで大流行した。公卿以下天下の百姓は、相継いで死んでしまい、死者は数え切れない。まったく未曾有《みぞう》の事態である。

事実、朝廷を主導していた藤原四兄弟は皆天然痘で没してしまった。こうなると、下々の惨状たるや、想像に難くない。各国から疫病流行の報告が平城京に届けられ、そうした人の往来がまた疫病を広めることになった。『続日本紀』に記録が残る感染エリアだけでも、伊賀《いが》・伊豆《いず》・駿河《するが》・若狭《わかさ》・長門《なると》・紀伊《きい》、九州全域、そして平城京のお膝元の大和と、広範囲である。

政府でも疫病対策を命じた。命令先は全国であり、疫病の流行が全国に広がっていた様子を示している。この命令では、病状の進行を示した上で、生水はよせとか、体を暖かくせよとか、韮《にら》やネギを煮て食べるようにとか、食欲がなくても食べさせろ、とか対策を記している。懇切丁寧なようにも見えるが、「おばあちゃんの知恵袋」に載っている程度のことにも感じられて、何となく心細い。それが当時の医療水準ということなのか、その程度のことさえ困難なのが人々の暮らしだったということなのか。

こうなるとなんといっても神頼み。天平七年の段階では、九州で天然痘流行ということで、九州と平城京を結ぶ山陽道が通過する諸国で「道饗祭《みちあえのまつり》」というのを行なって流行を防いだ。天平九年の流行の場合、もう天然痘は平城京でも猛威をふるっているから、山陽道での「水際阻止」は手遅れである。平城京の辻々で、天然痘除《よ》けのおまつりがなされたに違いない。

ちょうどこの天然痘の大流行のころ、平城京左京の二坊では、二条大路を挟んで北側に藤原麻呂《ふじわらのまろ》の邸宅が、南側に光明《こうみよう》皇后の皇后宮職が並んでいた。皇后宮職の場所は、かつての長屋王《ながやおう》邸宅の場所である。長屋王の変の後、政府に没収された。そして、藤原不比等《ふひと》邸跡にあった皇后宮の改修の関係等で、政府保有施設である旧長屋王邸が一部改修されて皇后宮職として利用されていたらしい。

そして、この二つの邸宅に挟まれた二条大路《にじようおおじ》の路面の端に、長い溝が掘られた。本来の利用目的はよくわからないのだが、最終的にはゴミ捨て場として利用された。麻呂邸・皇后宮職から出るゴミが棄て込まれたのである。そのゴミ捨て穴からは膨大な木簡が出土した。二条大路木簡と呼んでいる。この二条大路木簡の中に、まじないらしい文言が書かれた木簡が見られる。

「此者能量者患道者吾成明公莫憑必退山陽道」(京五〇〇五)。もともと文書を入れる箱の蓋だった板を天平八年七月の油の利用帳簿として利用した、その隅に書き込まれている。何かが「憑《つ》く」ことなく「山陽道」を退いていく、ということらしい。山陽道の「山」を、最初は「西」と書いて書き直しており、要するに山陽道経由で西へと退散してくれ、といったことだろう。時期からしても、方角からしても、天然痘の退散を祈った言葉だと考え

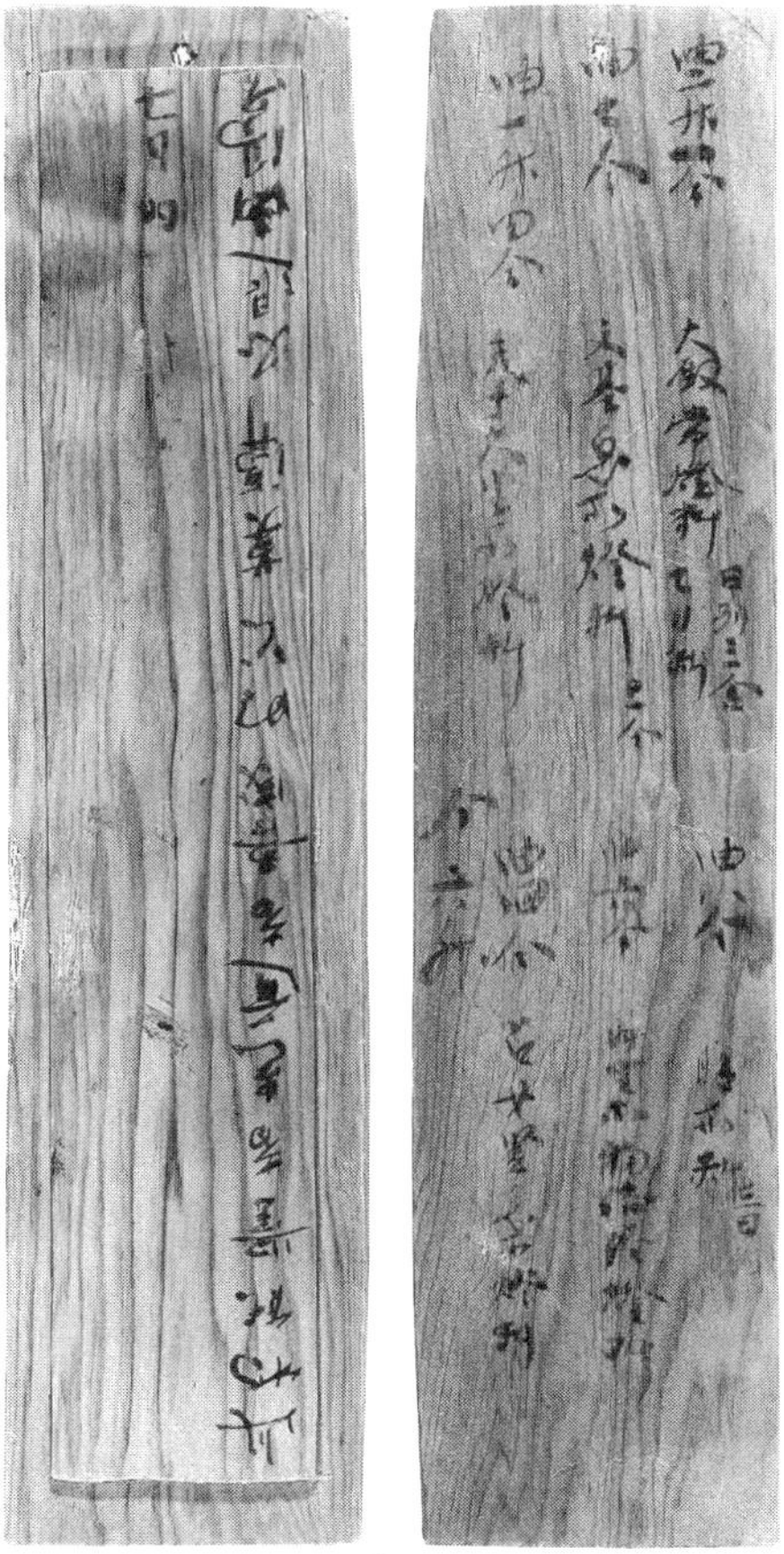

・油二升一合　大殿常燈料　日別三合
　　　　　　　　　　　　　七日料　油八合　膳所料　三日料
○油七合　文基息所燈料　日一合　油六合　内坐所物備給燈料
　油一升四合　天子大坐所燈料　油四合　召女豎息所燈料
　　　　　　　　　　　　　　　　合六升
・「此物能量者患道者吾成明公莫憑〔×西〕必退山陽道」
○七月内

360・80・15　061

・南山之下有不流水其中有
一大蛇九頭一尾不食余物但
食唐鬼朝食三千暮食
・八百〇　急々如律令

111・27・4　011

られている。

また、天然痘を食べる「龍」を讃えたようなまじない札も出土している（城三一―三七。和田萃「南山の九頭龍」『日本国家の史的特質（古代・中世）』思文閣出版、一九九七年）。これらの木簡は、天平七～九年ごろが中心なので、最初の九州での流行のときか、平城京にも大流行したときなのか、その間に必死で平穏を祈っていた時期なのかはわからない。いずれにせよ、麻呂邸やら、皇后宮職でも天然痘流行の沈静化を祈って、いろいろなまじない札が作られていた。

万灯供養の光景

注目したいのは、同じゴミ捨て穴から膨大な灯明皿《とうみようざら》が出土していることである。灯明皿は、中に油を入れ、灯心を入れて灯をともすために用いられる。奈良時代の明かりであるが、なにしろここから出土している数が非常に多い。日常的な利用の数を超えている。また、あらゆる土器をかき集めて利用している観がある。なにか、一度に大量に灯したように。

この膨大な灯明皿は、万灯供養《まんどうくよう》に使われたのではないか、という説がある（『長屋王報告』）。何を祈るための万灯供養か。いくつかの可能性が考えられるが、やはり天然痘の退散と何らかの関係があるものであろう。疫病におびえる平城京を灯す万灯供養の灯火。その光は、今日観光行事として行なわれる万灯会《え》より、必死な祈りを伴う分、より美しく揺らいでいたことであろう。

そういえば、この二条大路木簡には、天平八年（七三六）の聖武《しょうむ》天皇吉野行幸《よしのぎょうこう》に関する木簡が多く含まれるが、この吉野行幸もまた天然痘の退散を祈るものだとする見解もある。万灯供養といい、吉野行幸といい、二条大路から出土する品々には、天然痘の影を色濃く読みとることができる。あたかも、天然痘退散の祈りがそのまま埋められたかのようである。

こう考えてくると、先ほど、紹介した木簡のうち、油の帳簿の端に書かれた文言をちょっと深読みしたくなる。この文言は、これまであまりしっかりとは読まれてきていない。だが、「此の物を能《よ》く量《はか》らば、患いの道は吾成る明公に憑《つ》く莫《な》く、必ず山陽道を退かん」と読むと、一応意味が通じる。

この木簡は出土場所から、藤原麻呂邸から捨てられた木簡と考えられる。そして、油の帳簿として用いられていた。その油は、藤原麻呂の居所である「大殿」や、聖武天皇の居所である「天子大座所《おおおきしどころ》」の灯料、つまり明かりのための油である。だから、この木簡を作成しながら、量られ、配られた油は、灯明皿に入れられ、天皇の居所や藤原麻呂の居所を灯すのに利用された。

聖武天皇が平城宮外に出ているから、わざわざ麻呂邸で油の用意が必要となる。聖武天皇が宮外に出ているのは、吉野行幸のためであり、それは天然痘の沈静化を祈ってのことであった。この油帳簿木簡もまた、天然痘沈静化の祈りの一部なのである。

この木簡は、そんな場面で、麻呂邸に仕えて油を管理する担当の、おそらく資人《しじん》クラスの人物が書いたものである。だから、「此の物」とはまさに油そのものではないか。そして、天然痘沈静化の祈りに関連した油を「能く量」り、自分もきちんと職務を全うすれば、きっと祈りが通じて、その油を捧げる相手である「明公」＝偉い人、つまり彼の主人の藤原麻呂や、聖武天皇が天然痘になることもなく済むと、ふと書き留めたのではないだろうか。ただ、「大殿常料《おおとののじょうりょう》」とあるから、万灯会そのものに用いられた油ではないようだが。

だが、仮にそうだとしても、その願いもむなしく、ちょうど一年後の天平九年七月に、麻呂は天然痘で死んでしまうのである。藤原麻呂は、楽しい人物で、非常に人望が厚かったらしい。その死を多くの人が惜しみ、哀しんだという。

そうした哀しみの群れの中に、「此物……」と書き記した資人も、居たかもしれない。

路傍の祈り・家々の祈り

天然痘の退散に限らず、平城京には多くの祈りがあった。冬の大寒の日を迎えようという夜中、平城宮諸門の門前では、いつもとは少し違う人の動きがあった。数人の役人たちが、なにやら作業をしている。六〇センチほどの人形を門のところに立てているようだ。

この役人たちは、陰陽寮《おんみようりよう》の役人で、立てているのは「土牛童子像《どぎゆうどうじぞう》」と呼ばれるものだ。牛を童子が引っ張っているという人形だが、これを冬の間立てておくと、疫病除けなどの効果があるらしい。もとは中国の習俗だが、いつのころからか日本に入ってきて、奈良時代平城京でも諸門に立てられ、冬の風物詩となっていた。冬が終わる立春の前の晩に撤収された。先ほど、宝亀《ほうき》三年（七七二）十二月二十九日に狂馬が平城宮に乱入した記録があることを紹介したが、この馬は最初は的《いくは》門に立てられていた土牛偶人＝土牛童子像を食い破って、それから宮内に突入している。

土牛童子は門ごとに色が異なっていた。平安時代と奈良時代が同じだとすると、県犬《あがたいぬ》養門《かいもん》・建部《たけるべ》門は青、朱雀《すざく》門・壬生《みぶ》門は赤、的門・若犬養門・伊福部《いふきべ》門・丹比《たじひ》門は黄、玉手門・佐伯門は白、海犬養《あまいぬかい》門・猪使《いつかい》門は黒である。いわゆる四神《しじん》と同じで、朱雀・青《せい》龍《りゆう》・白虎《びやつこ》・玄武《げんぶ》といきたいところだが、黄色があったりして様子が違う。

平城宮の門前が祈りの場となったのは、冬の土牛童子像の時だけではない。平城宮の内と外を結ぶ場であるから、宮内の穢《けが》れを宮外に追い出す祭祀の場でもあった。あらゆる穢れを祓う年二回の大祓《おおはら》えは、朱雀門・壬生門周辺で行なわれた。板状の人形に各自の穢れを移し、その人形を祝詞《のりと》の祈りとともに流すことで穢れ自体を流してしまう。朱雀門・壬生門周辺では、この際に利用されたらしい祭祀《さいし》用具が発見されている。ただ、朱雀門や壬生門の周辺で発見される、ということは、下流に流れて行っていない、ということである。流れなかったのが祭祀具だけならよいが、穢れの方がどうなったのか、どうも気になる。一三〇〇年前のことを、今更心配しても手遅れなのではあるが。

さて、京内の家々にも多くの祈りがあった。先に紹介した左京九条三坊一〇坪の宅地でも、祭祀に関わる遺物が出土している。土で作った小さな馬の人形である土馬《どば》、土器の外側に人の顔を描き、おそらくは息を吹き込むなどして穢れを移して祓ったと考えられている人面墨書土器、お祀りに使ったと考えられるミニチュアの竈《かまど》や、結界《けっかい》に使われたかと考えられる斎串《いぐし》と呼ばれる小さな木製品などである。平城京の宅地の中でも、平城宮で行なわれる祭祀の小型版が、執り行なわれていたに違いない。

また、注目されるのがこうした祭祀用具と一緒に「鉄鉢型《てっぱち》」と称される形状の土器が出

祭祀用具

土している点である。この鉄鉢型の土器は、文字通り金属製の鉢を模倣した形状なのだが、金属製の鉢とは要するに仏具である。だから、鉄鉢型土器も金属製の鉢同様、仏教行事に用いられたと考えられている。だから、この左京九条三坊一〇坪の地では、人面墨書土器や土馬、あるいは斎串を用いたような土俗的とも感じられる祭祀と並行して、仏教的な祈りも捧げられていたと推定される。大寺院でなくても、辻に建つ小さなお堂や、さらには家々の中にも仏教信仰は広まって、人々の祈りの対象となっていた。

そしてその祈りは、やはりなんといっても家内安全・無病息災であろう。だが、中には物騒な祈りもあった。呪詛《じゅそ》の類である。『続日本紀』にもいくたびか呪いの記事が登場し、佐保《さほ》川の髑髏《どくろ》を拾ってきて呪いを掛けたというおどろおどろしい光景も描かれている。出土遺物では、人形に何か書かれていても、それが穢れや身体の不調を移すための記号なのか、それとも呪詛に伴うものなのかはにわかに判断しにくい。だが、それでもどうやら間違いなく呪詛らしい、という出土例もいくつかある。

「善き妻娶る時来たれ」なのか,「善き妻娶る時来る」なのか．前者なら，まさに婚活の祈りの木簡であり，後者なら勝利宣言である．いずれにせよ，下級官人層の心の叫びといえよう．

土器は別離のまじないらしい.「我も想はじ，君も想はじ」. 同じ土器には「鸚鵡」という文字が見える. もし仮に鸚鵡の餌皿だったのならば，この皿から餌を食べた鸚鵡がこの言葉を覚えてしまって，事件解決の鍵となるサスペンスまで想像してしまいたくなる. 釘が打たれた人形は，おそらく呪いの人形と考えられている.

のろいの影響かどうかは別として、人に病気はつきものだ。天平人もまた病気を抱えており、天然痘もその一つだが、胃腸の病気やら皮膚病、

病をめぐって

それに関節痛などバリエーションも豊富である。写経生《しゃきょうせい》もいろいろな病気を理由に休暇を申請している。中には、家族全員が病気になってしまい、家中を祓い清めなければなら

ない、というものまである。

さて、現代人の感覚でいえば、病気になれば医者にかかって診察を受け、薬を投与し、また体を休めて体力を養い治療する。平城京の人々はどうかというと、「薬」と称するものを利用しての治療、体力の回復などの治療方法も行なっていた。

たとえば、頭にできものができた桑内真公は「そりゃ虫瘡《ちゅうそう》だよ」といわれて、「薬師《くすし》」に頼んで療養をしている（大日古六―二八九）。腹痛・胸病・足病で薬を服用している者もいる。これらの薬がどの程度効いたのかはわからないが、典薬《てんやく》寮という役所もあるし、薬品名を記した木簡や土器もある。有名な医者である「許母《こも》」はわざわざ長屋王邸での治療にもあたっている様子で（京一四七）、医師や薬による治療も行なわれていた。ただし、薬の貴重さを考える

薬の名前が記された墨書土器

とどの程度普及していたのかは疑わしい。のどが痛いときはネギを、という程度が主流だったのだろう。大友路万呂は、内股におできができたときに、「蛭食治」つまり蛭《ひる》に吸わせて直すという方法で治療している。写経目録を見ていると傑作な経典がある。「療痔病《りようじびよう》経《きよう》」というのは、痔の治るまことにありがたいお経のようである。

病気になるのは、官人たち本人だけではない。民豊川という人物は妻が病気になり病に苦しんでいるから、という理由で二日間の休日を申請している（大日古一七―五九八）。愛妻家の元祖といったところであろう。このほかにも、美努《みぬ》人長は母親が胸の病だから看病に、と休暇を申請している。

阿閇《あへ》豊庭の場合は悲愴である（大日古一四―三八一）。「親父正六位上阿閇朝臣多心」なる人物が「去《さん》ぬる六月上旬を以て重病に沈み、起居に便ならず。しかのみならず、昨今の間、ほとんど黄泉《よみ》に赴かんとす」。六月の上旬から重病で、寝たきりとなり、この数日はいよいよ危篤状態となった。そこで「望み請ふらくは、今明の暇を、親父の革命を守らんと欲す」。今日明日の休暇をいただいて、父の露命《ろめい》を見守りたい。父の臨終の枕辺に、という子供の切なる願いである。

さらに可哀想なのが弓削《ゆげ》伯万呂（大日古一六―三八一）。父親が死んでしまい、さらに母親が重病に倒れてしまっている。だから、休暇を下さい、という。父親の死去が五月十四日、休暇の請求が五月十八日、おそらくは父の死で休暇をとり、さらに母の病気で、という状況なのであろう。てんやわんやの状況で、精神的にも参っているのか、文字はまあなんとかしっかり書いているものの、文章はめちゃくちゃで、脱字はあるは語順は適当だわ、という書類を提出している。

だが、彼らはまだまし、と言ったら叱られるだろうか。親族の死の哀しみは大きいだろうが、それでもまだ「年齢順」である。我が子を喪う悲しみはさらに深い。そうした悲しみに直面した、丸部大人《わにべのうし》という人物の休暇願が残っている。

宝亀二年（七七一）が明けてまだ間もない正月五日、丸部大人は四日間の休暇を申請した（大日古一七―六〇四）。息子にできものができてしまい、それを治療をするためだという。いつごろから発病したのかはわからない。あるいは、昨年の内からで、正月休み明けで出勤しなければならなくなって、書類を出したのかもしれない。病状は安定したのか、しばらく彼の休暇願は出ていないが、二月七日に再び息子のできものが腫れてしまい治療したい、ということで三日間の休暇を申請した（大日古一七―六〇三）。そしてその休暇願の期限が切れる二月十日に、丸部大人は息子の病気に関連して、三度目の、そして最後の休暇願を提出した（大日古一七―六〇三）。その理由は、息子がこの日の寅の時に死亡し、「斎食《さいじき》」すなわち法要を行なうため、ということであった。

墓所の諸相

薬石効なく死んでしまったら、葬儀を行ない葬らなければならない。しかるべき期日になれば冥福を祈るのもまた人情である。それがかわいい我が子となれば、ますます当然のことであろう。丸部大人も、亡き息子の「斎食」のために休暇を申請している。音太部野上という人物はおじさんの死去に際して「七日間の斎食」を申し立てているから（大日古一七―六〇四）、今日でいう初七日《しょなのか》にあたる。奈良時代にも、初七日や四十九日《しじゅうくにち》の法要は行なわれていた。

このほかに、写経生たちの休暇理由に母や祖母などの「斎会《さいえ》」が散見する。斎食を設け、死者の霊魂を慰めた。僧侶が一定の役割を果たしたり、読経《どきょう》したりという場合もあっただろう。この僧侶は、いわゆる官寺の正式な僧侶ではなく、私度僧《しどそう》たちだったかもしれない。

法要に際しての休暇願にも、思わず目を疑いたくなる言葉が書き付けられているものがある。三島県主百兄《みしまのあがぬしももえ》は、天平宝字四年（七六〇）二月二十七日に息子を亡くした。翌年の二月二十三日に、一周忌のために五日間の休暇を申請した（大日古四―四九四）。だが、その書類には、「請《う》く所の経移しおはり、及び用紙数を勘知し、並びに滞る事無くんば、堂司宜《よろ》しく記名すべし。然《しか》らざれば、即ち記名すること勿《なか》れ」と書き込まれた。命じられた経典の書写がすべて完了し、さらに紙の数などもすべてつじつまがあっているならば、休暇を認めよう、という。もしかしたら、百兄はサボリ屋だったのかもしれないが、それにしても息子の一周忌のための休みぐらい、気持ちよく認めてくれてもいいのに、と思う。

さて、平城京で死んでしまった人々はどこに葬られたのだろうか。聖武天皇の陵《みささぎ》は佐保山にある。平城京北東に位置する佐保山一帯は、天皇家の墓所だった。

長屋王は生駒山麓に葬られたという。他にも生駒山麓には行基《ぎようき》の墓があり、美努岡万《みぬのおかま》呂《ろ》墓も見つかっている。美努岡万呂は遣唐使《けんとうし》として入唐《につとう》したこともある貴族で、『万葉集』にもその歌が収められている。平城京の西郊、生駒山麓も貴族層の墓所が展開していたらしい。一方、平城京東郊、東山山中では太安万呂《おおのやすまろ》墓などが発見されているから、こちらもまた彼らの墓所が広がっていたに違いない。平城京を取り囲む、東・北・西の三方の丘陵地帯がそれぞれ墓域として利用された（金子裕之「平城京と葬地」『文化財学報』三、一九八四年。稲田奈津子「古代の都城と葬地」『歴史と地理』五七五、二〇〇四年）。

だが、いわゆる下級官人層がどこに葬られたのかとなると、また話は別でなかなか様子がわからない。貴族たちと同じエリアにもう一回り小さな施設で埋葬されたのか、それともまったく別の場所に埋葬されたのか。美努岡万呂クラスだと、それほど偉くはないからその近辺には下級官人たちの墓所が広がっていた可能性は考えられる。また、聖武天皇以下の墓所は佐保山の丘陵部上だが、そこからすこし谷に降った辺り、というのも有力候補地であろう。

そしてもう一つ、大事な埋葬地がある。それは、下級官人たちの「地元」である。因幡《いなば》国出身の、従七位下伊福部《いふきべ》徳足比売は、采女《うねめ》として宮中に仕えていたが、和銅《わどう》元年（七〇八）七月一日に没した。和銅三年十月に荼毘《だび》に付されて、因幡に葬られた。彼女の墓は、伊福部一族を祀る神社に隣接する場所に営まれていた。遠く宮中で、おそらくまだ若くして死んでしまった魂を、そっとふるさとが迎えたのだろう。

さて、伊福部徳足比売の場合、地方豪族が都に駆り出され、地元に帰ったのだから、京内でいつも働いている下級官人とは若干事情が違うかもしれない。だが、下級官人の出身母体となる、畿内の豪族がその本貫地《ほんがんち》に墓を営み続ける例が確認されている。

大和盆地西南部の谷間の三ツ塚《みつづか》古墳群は、六世紀末から実に九世紀後半まで実に約三〇〇年間に渉って、墓が営まれ続けた。この古墳群は大きく三つのエリアからなるが、これは氏族内での使い分けらしい。そして、このエリアの使い分けもまた踏襲《とうしゅう》され続けた墓地の造営の様子からも、この墓地に葬られた一族が、同族意識を再生産しながら墓地を維持し、あらたな墓を営んでいたと考えられる（小田裕樹「奈良県葛城市三ツ塚古墳群・古墓群の形成過程」『九州と東アジアの考古学』九州大学考古学研究室五十周年記念論文集刊行会、二〇〇八年）。

出土遺物や埋葬の様子から、ここに葬られたのは、下級官人クラスの人々だったことが知られる。飛鳥や藤原京でも通勤には少々困難な距離であり、ましてや平城京や平安京となると、とても通勤できる距離ではない。本貫地に居住しながら必要な時だけ出勤したか、京内にも家を確保してそこに住み込んでいたか。どちらなのかはわからないが、人生を終えての終《つい》の棲家《すみか》はふるさとの、先祖代々が眠る同じ谷に葬られたのである。

大寺院の裏と表

平城京内には、東大寺《とうだいじ》・大安寺《だいあんじ》・薬師寺《やくしじ》・元興寺《がんごうじ》・興福寺《こうふくじ》といった大寺院から、小さなお堂まで、さまざまな寺院や仏教施設が存在していた。奈良時代の仏教は「国家仏教」といわれる。あまねく衆生《しゅじょう》を、国内のあらゆる人々を救済する、というよりも鎮護《ちんご》国家こそ主たる役割で、特に国家が経営する官寺クラスの巨大寺院ともなれば、町の庶民など眼中にない、と考えられることが多いだろう。

ところが、『日本霊異記』には次のような話が納められている。

聖武《しょうむ》天皇が狩りを行なっていた。駆り立てた鹿が逃げ、ある人物の家へと飛び込んだ。天皇が狩りをして追い立てた鹿とは知らぬ家人たちは、その鹿を食べてしまった。せっかく追い立てた鹿を横取りされた、というわけで大問題となり、家人たちは捕えられ、処罰されることになった。

突然の災難に家人たちは嘆き悲しみ、日ごろから信仰していた大安寺の丈六仏《じょうろくぶつ》にすがりたいと考えた。ちょうど連行されるときに、大安寺の門前を通るので、そのときに門や扉を開いて、拝めるようにしてほしい、と寺僧に頼んだところ、哀れに思って聞き届けてくれた。こうして、大安寺の丈六仏を拝んで連行され、いよいよ処刑、という直前に皇子誕生、恩赦と相成った。まことに仏のありがたさがよくわかる。

我々のイメージする聖武天皇より、随分気が強くてわがままな印象があるが、注目したいのは大安寺の丈六仏を日ごろから信仰していること、また大安寺が主人公が連行される途中で門をわざわざ開けるという計らいをしていること、である。

大安寺といえば、東大寺ができる前は最も高い寺格をほこる超一級の寺院である。丈六仏というからには、おそらくは本尊《ほんぞん》クラスであろう。超一級の寺院の、本尊を、天皇が狩りをしていることすら知らないような人物――もし貴族層であれば当然天皇がどこで狩りをしているかぐらいは知っていたであろう――が「日ごろから」信仰していたことは、こうした大寺院が人々の信仰とも結びついて、宗教活動を展開していた様子を示しているであろう。また、災難に際し、わざわざ格別の取り計らいをしているあたり、大安寺と主人公の深いつながりを示している。

そして、僧侶たちの宗教者としての振るまいをみることができるように思う。そこには、当代有数の知識人であり、権威ある寺院に属するトップエリートとしての権威主義的な振るまいは見られない。この大安寺の僧侶たちの様子は、さきほど見た薬師寺の僧侶たちの様子ともよく似ている。大安寺と薬師寺はどちらも勅願の官寺《かんじ》であり、高い格式を誇るその両寺に、こうした平城京に集う人々との密接なつながりや、宗教的な懐の深さが伝わることは、当時の寺院が、あらゆる人々に開かれた宗教施設としての側面を、確かに持っていたことを示している。

生きている奈良の寺社

多くの観光客が奈良の寺院を訪れる。古建築や古仏の美しさは、眼を奪う。ただし、どうも多くの人に忘れられてしまっている側面があるように感じる。それは、そこが祈りの場である、ということだ。権威を誇っていたかのような印象を持ちがちな大寺院も、奈良時代に祈りの場として大きな役割を果たしていたことは、すでに見た通りだ。今日の寺院も、こうした祈りを継承しているのである。

フェノロサが古仏を絶賛して以来、みほとけは彫刻へと変化してしまった側面がある。こうした観点によって、古都奈良の文化財たちは、世界的・普遍的な価値を獲得した。古代人だって、仏像を作るときには美しく作ろうとしたはずだし、像の姿に一つの理想を託したことは確かだ。ただ、それはあくまでも「祈る」ことに由来する美の追究であろう。

東大寺のお水取《みずと》りは、お松明《たいまつ》だけではない。お松明に導かれて堂内に籠もる連行衆《れんぎょうしゅう》の、その籠もってからの行事は幽玄の極みだ。興福寺も、朝早く境内をまわると、運がよければ本尊に捧げる読経《どきょう》の声に巡り会うことがある。法華寺の宝庫を拝観していると、定時に仏像に祈りと読経を捧げに尼僧が現れる。奈良の寺社は、死んだ過去のものではない。いまなお生きて、祈りを伝えるお寺であり、お宮なのである。

だから、奈良のお寺の伽藍《がらん》にも、仏像にも、僧侶の姿と読経はよくあうのだ。一方、鎮座するお社では、神職の衣擦《きぬず》れと木沓《きぐつ》の音、それに祝詞《のりと》の厳かな響きが心を清めてくれるだろう。こうした、伝えられた祈りも、また伝えられている祈りの姿も、祈りを伝えようとする姿もまた、一つの「文化財」なのではないかと思う。

たとえば西大寺《さいだいじ》は、静かな、しかし凛としたたたずまいで、特に四王堂の堂内などは不思議な異空間を感じさせる。漂う香木の香りが心地よい、静かな境内である。平城宮東北に位置する海龍王寺《かいりゅうおうじ》は、中世の土塀を抜けて入るとその中心部分はほぼ往時の規模を残す。そこに建つ西金堂《さいこんどう》は奈良時代の建物だし、その中に安置される五重小塔もまた奈良時代のものである。穏やかなたたずまいの奥に、はるかな歴史と重ねられた祈りが潜んでいる。

観光客が多いエリアでも、すこし足をのばすと静かな祈りの空間が広がっている。東大寺ならたとえば知足院《ちそくいん》や、また二月堂の奥に鎮座する手向山八幡宮《たむけやまはちまんぐう》、春日大社《かすがたいしゃ》も若宮社は普段はひっそりとして静かだし、興福寺も三重塔はちょっと雰囲気が違う。

明るく開放的な空間と、その奥に静かでゆったりとして、しかも清らかな空間が共存している、これが奈良の魅力だと思う。

にぎわいの片隅で

東西の市

さて、『日本霊異記』に出てくる蟹をぶら下げて平城京に向かうじいさんには、すでに商売のあてがあったようだが、通常平城京での主たる売買の場は「市」ということになる。

平城京は一大消費地である。全国から膨大な物資が流れ込んで、消費される。貢納品として直接平城宮内に納められる物資もあれば、貴族の邸宅に納められる品々もある。しかし、平城京の消費はそれらだけではまかなえない。余分を売って不足を補うためにも、商業行為は必須であり、それを育てなければならない。しかし一方で、商業行為によって莫大な富を蓄積し、国家に刃向かうものが出てきても困る。

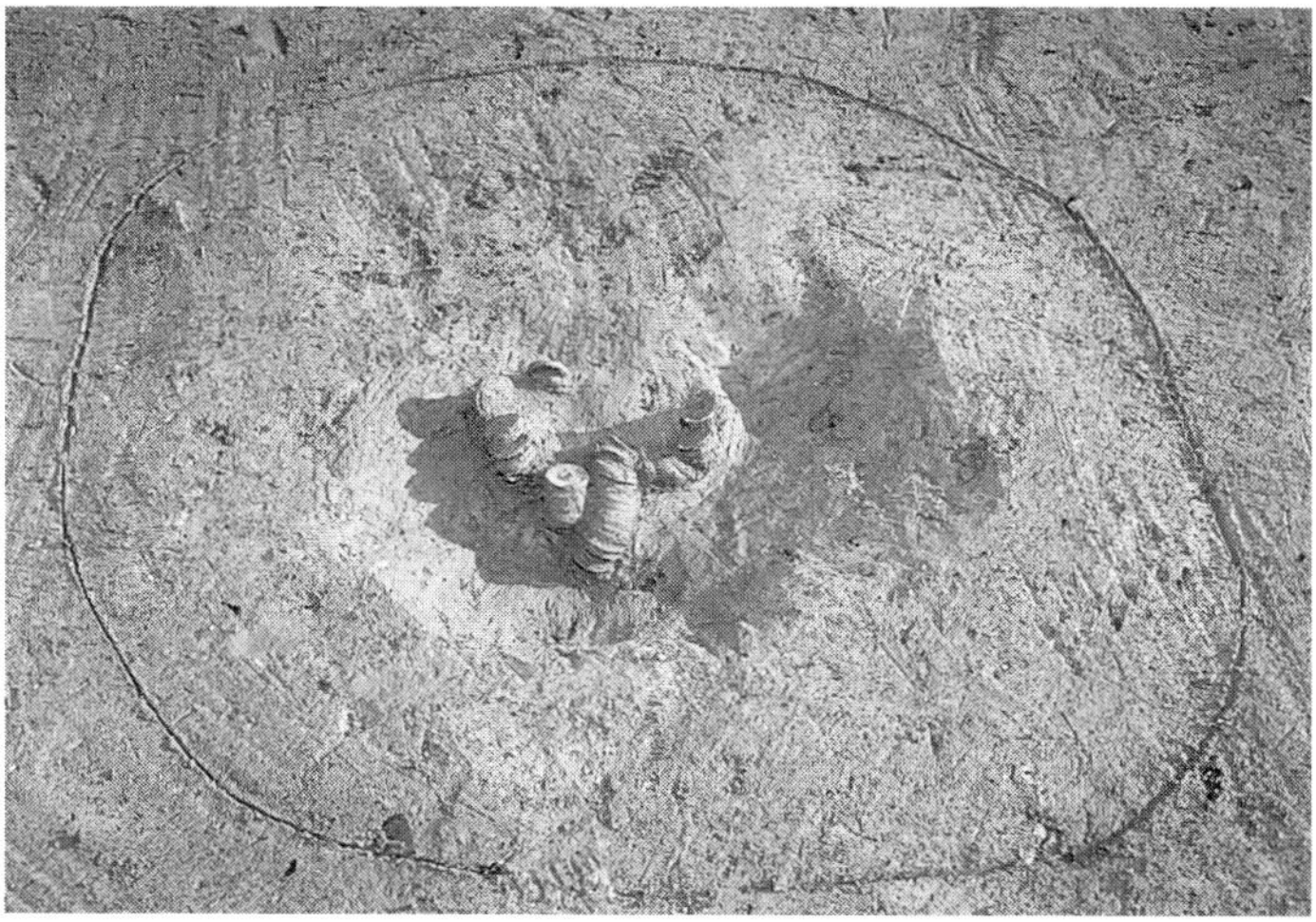

道路に埋められたさし銭

そんなこんなで、平城京には官設の公営市場が二ヵ所設けられた。左京の市場を「東市」、右京の市場を「西市」、という。商売は基本的にこの二ヵ所のみで行なうこととされた。平安京の様子を伝える『延喜式《えんぎしき》』では、東西市で扱われる商品が異なるが、それが平城京時代から引き継がれているのかどうかは不明である。東西市のすぐ外には運河に相当する堀河《ほりかわ》や秋篠川《あきしの》が流れ、舟運による物資輸送を容易にしていた。

東西市は、区画された一画であり、門があった。住宅街と連続的な街並みが展開する、現代の商店街とはちょっと様子が異なる。『万葉集』には東市の植木が詠い込まれているから、市には木が植わっていたらしい（『万葉集』巻三―三一〇）。市の営業時間は正午から日没までで、昼になると、門が開かれ、日没時に門が閉じられる（関《げん》市令《しりょう》市恒条）。

市は、京職《きょうしき》配下の市司《いちのつかさ》という役所が管轄し、物価の状況などを調査し報告する。市司は市場価格の調査を行ない、不当に値段をつり上げるような行為を取りしまる。また、官司の求めに応じて、商品の入手を行なうこともあったらしい。商売をする人は市籍という名簿に記載され、市人と呼ばれた。商品を陳列する店舗は「肆《いちくら》」といい、取扱商品を明示した看板を出すことが定められている（関市令毎肆立標条）。

京職が他の役所からの依頼を受けて商品の購入を東市司に命じている例がある（大日古一―六三一・六三二・六四一）。購入している品は、鎖・釘や、神様を祀るのに使うお供え一式、瑠璃《るり》玉などである。瑠璃玉などは高級品で「レアもの」だから、流通量が多くないものを確実に確保するために市司という「公権力」を頼ったのかもしれない。

造東大寺司では、日常的に米・蔬菜《そさい》類・索餅《さくへい》などの食料品、土器や桶など器の類や、薦《こも》・櫃《ひつ》など日常雑貨、繊維製品、さらには筆や墨にいたるまで、さまざまな物品を市で購入し、調達している。

こうした品々が流通するほど、市の商品は、かなり多様で豊富だったようである。『日本霊異記』には白檀《びゃくだん》や紫檀《したん》を求めて平城京の市に赴く人が描かれている（中巻第六）。

さて市は寺院と並んで、物乞いの人々が集まる場所であったが、もう一種類、都市とは切っても切れない縁をもつ人々が集まる場所でもあった。泥棒である。『日本霊異記』には、市の雑踏が聞こえるような描写がある。物語の主人公である河内《かわち》国に住む利苅《とかり》の優婆夷《うばい》という人物が、平城京東市にたたずむ場面である（中巻第一九）。

市の東門から入ってきた賤しい男は、声を張り上げ、経典を見せながら練り歩く。優婆

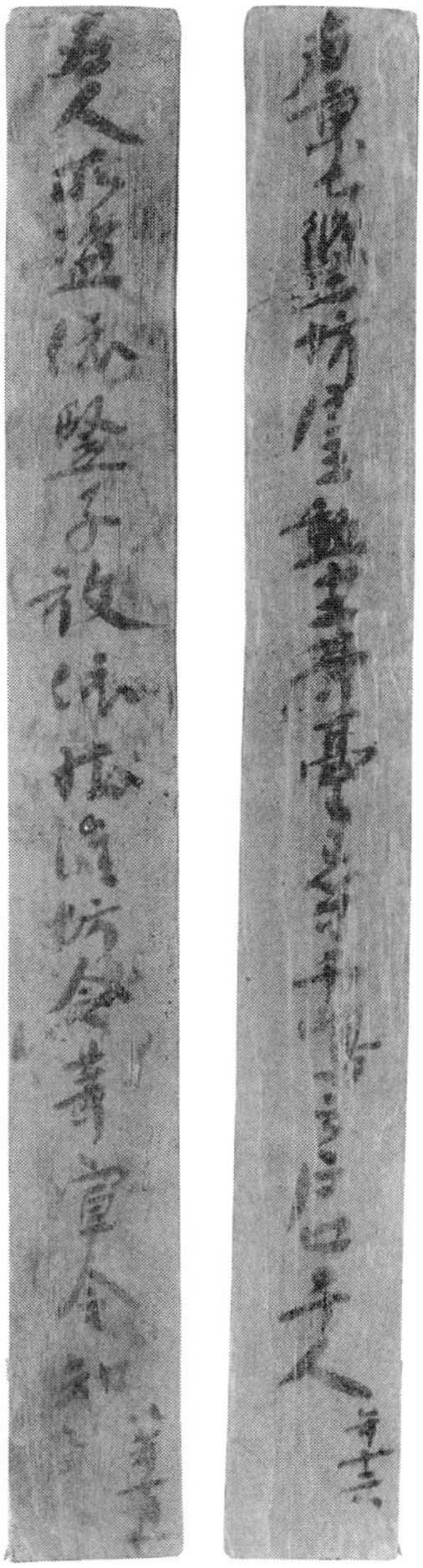

十七歳の少年が泥棒をしたとして処分された際の木簡。それなりの家の子供で、本人も役所勤めをしていた。おもしろ半分か、出来心か、困窮してか、事情は一切分からない。

夷の前では、遮るような動きをしたというから、ただ練り歩くのではなく、買ってくれそうな人の前ではわざと立ち止まってお経を見せつけて、「どうだい、買わないかい」の一言もあったのだろう。結局売れなくて、西の門から出て行ってしまった。

市では、さまざまな品々が取引されていたが、その中にはこんな盗品も紛れ込んでいたのである。石をかくさば石の中、商品の多いところにはいりこめば盗品かどうかはわからなくなる。奈良時代の盗品ロンダリングである。

そんな状況だから、市を管理する市司には盗品の問い合わせも来る。下級官人の家の様子を伝えてくれた、盗品届けもこうした場面で作成された書類である。盗まれた本人にとっては大問題だが、今日のわれわれにとってはこの書類のおかげで、当時の下級官人宅にあった金目のものやら、盗難に遭った際の手続きの様子、あるいは市で盗品が流通していたことなどを知ることができるのだから、泥棒様々といったところである。

そして、泥棒にとっては市は恐ろしい場所でもあったはずである。というのは、市は死刑執行の場所でもあったのである（獄令《ごくりょう》決大辟条）。強盗致傷でごっそり盗んだ場合や強盗殺人ぐらいの凶悪犯罪でなければ死刑にはならないから（賊盗律《ぞくとうりつ》強盗条）、普通のこそ泥連中にとっては「他人事」だったかもしれないが、それでも決して気持ちのよい場所ではない側面もあったろう。

さて、先ほど紹介した『日本霊異記』の説話に一度戻ろう。盗品を売っていたのは「店舗」ではなく、歩きながらの販売であった。売っていたのは盗人だから、たぶん市籍をもつ市人ではなかったであろう。販売方法も、販売者も、正式な市のありかたからは、はずれたものであった。

市の賑わい

市は、たしかに律令国家が首都平城京の機能を維持するために設置した官営市場であり、市司を通じて管理する、そういう場であったが、お経を売りに来た盗人のように、この枠組みを超えて市という「場」を利用する輩が存在した。市は、すでに設置者の意図を越え、独自の脈動を始めていたのである。

だから、市司の市場価格調査も決して十分ではなかったらしい。東西市の価格差を調査した報告書もある。また、造東大寺司写経所でも、「市庄《いちのしょう》」を通じて独自に東西市の価格を調べあげ、調達している。

この市庄というのは、造東大寺司が市周辺に確保した物流・交易拠点であろう。専属スタッフも配属されていた。布勢足人もそうしたうちの一人で、西市庄からの書類にサインしているほか（大日古四―二八八）、出勤報告の書類も残っている（大日古二五―一六二）。

それによると、天平勝宝六年《てんぴょうしょうほう》（七五四）二月の彼の出勤日数は二七日であった。

さて、市の近傍にはこうした物流・交易拠点が集まっていたらしい。奈良時代後半に造営された東大寺は、こうした拠点を新たに確保するために相模国《さがみ》の「調邸《ちょうてい》」に目を付け、その地をなんとか手に入れようと交渉した。その一連の書類が今日に伝わっている（大日古四—五八・八三・一〇九・一一四）。

東大寺側の申し出を受けた相模国側では、郡司《ぐんじ》たちが反対する。郡司は調《ちょう》を納めるときに、平城京まで来なければならない。任期がくれば転任してしまう国司《こくし》より、郡司たちの方が調を納める実務にははるかに精通しているし、利害関係も強い。だから、かなり強硬に抵抗している。現在の地は市にも近く、便利なのに交換予定地は市から遠く、不便だ、というのである。だが、結局、東大寺が押し切るかたちとなった。

それにしても、なぜ相模国は「調邸」が市周辺にあることに固執したのか。これは調邸の機能と関連して理解されている。相模国から郡司に引き連れられて平城京までやってきた運脚《うんきゃく》と調物は、いったん調邸にはいる。そこで、納入品の確認を行ない、余れば販売し不足すれば購入する。場合によっては、値段の変動をねらっての商行為もあったかもしれない。調物は、こうして整えられて、平城宮内へと納められた、と考えられている。

元祖宅配便

天平宝字《てんぴょうほうじ》二年（七五八）八月十二日、造東大寺司西市庄では、八月十日付けで指示のあった物品の買い付けが完了し、造東大寺司へ送る手配をしていた（大日古四―二八八）。品物は瓜三六〇個と大豆九束。これを車に積み込んで送る。この車は「雇車《こしゃ》」というから、西市庄や造東大寺司の車ではなく、運送業者に頼んでの輸送である。運賃は五五文。買い付けた品物の価格が全部で二一六文で、運送費も入れた全コストが二七一文だから、実に二割が運送代である。場合によってはもっと比率が高いこともある。車による運送代は借り上げ方式だったようで、荷物の量は関係ない。市から造東大寺司までの運送代が一両五〇文から一三〇文とばらつきがある。東西市のどちらかによっても運賃は変わるから、その違いも考慮に入れなければならない。だが、同じ東市からで一緒に四両車を手配しているにもかかわらず、一両は六〇文、他の三両は五〇文ということもあるから（大日古一六―八〇）、いくつかの運賃が存在していたことは確かだ。運賃の違いは、一台当たりの輸送力の違いに由来するだろう。大型のトラックなら高くなる、というわけだ。

さて、ここで注目したいのは、こうした「雇車」の存在である。車だけではなく、人夫が担いで運んで運賃を払っている例もある。彼らは、いわば運送業者である（大日古一六

—九〇)。

市で物資を調達したのは、造東大寺司だけではない。市で買い物をしたら、運ばなければならない。こうした需要に応じて、平城京には運送業者が存在していたのである。運賃もばらつきはあるものの、一定の範囲に収まっているし、車の輸送力に起因してのばらつきだと考えると、これもある程度ルールが存在した可能性がある。運送業者が、単発的な営業ではなく、日常的に営業するなかで、一定の価格帯が形成されたのであろう。

また、興味深い記載がある。「往還賃」という語が散見するのである(大日古一六—九〇など)。往復料金というような意味だろうが、市から運んだ物資しか帳簿には出てこない。荷物を運んだのは、市から造東大寺司だけ、つまり片道のようなのだ。それにもかかわらず往復料金、というのは、空荷で帰ることへの補償費を含んでいる、ということであろう。市から造東大寺司まで荷物を運ぶと、造東大寺司周辺から荷物を運ぶ顧客がいるわけではないから、帰りは儲けにならない。だから、往還賃として運賃を支払った。

平城京の運送業者は、すでに運賃表に相当するような価格のルールを形成し、また空荷補償を得るほどにまで成熟していたと考えられる。平城京の流通活動は、決して侮れない高度なものだったのである。

そして、流民たちが市にも集まることは先にみた。市には大量の物資が集まり、出て行く。富が動く場所で、人も集まる。正規の商人も居るし、泥棒が物を売り歩いているかもしれない。市から荷物を運ぶ運送業者もいる。

流民たちには、むろん「おこぼれ」の期待もあるかもしれない。だが、その「おこぼれ」はもう少し積極的な可能性も持っている。人・物・カネが集まって動く場所なら、仕事も多くあるはずだ。たとえば、荷物運びのアルバイトが転がっているかもしれないのだ。

市は、都市平城京の消費活動を満たすダイナミックな物流と商活動の結節点・拠点として、古代国家を支えていた。そこには、実にさまざまな人々が集まっていたのである。

その、市に集まる人の中に、貴族たちに仕える人々の姿もあった。

長屋王商店

長屋王家木簡には、日ごとに「店物」とその数量・単価、それに総額を記した帳簿がある（城二一―二九上・城二七―一四下など）。これらの木簡は、長屋王が「店」で品物を販売した、販売伝票だったと考えられている（舘野和己「長屋王家の交易活動」『奈良古代史論集　三』真陽社、一九九七年）。

「店物」すなわち商品の品目は飯と酒。飯は「笥《け》」ごとに値段がついており、一笥一文。酒は一升《しょう》単位で値段が設定されており、一升一文。たとえば、十一月四日には飯九九笥・酒五斗が売れて、一四九文の売り上げである。長屋王家は「酒司《しゅし》」というセクションがあり、自前で酒を醸造《じょうぞう》していたし、米も消費しきれないほど確保できていたのであろう。米のまま保管すれば、土地も有り余る田舎ならばいざ知らず、花の都では保管のコストもばかにならない。ならば売ってしまえばよい。米のまま売りさばくより、酒や飯に加工してから販売した方が儲けがでる。

注目したい木簡が二点ある。一点は「西店」からコノシロを送ってきたときの付札で（城二五―二六下）、もう一点は「店食米」として米を支給している木簡である（京―一九八四）。コノシロを「交易」して送ってきている、ということは長屋王商店は販売だけでなく、買い付けも行なっていたことになる。また、長屋王商店に「食米」を送っているのは、長屋王商店に常駐のスタッフが居た可能性を示しているのではないだろうか。この木簡に署名している「稲虫」という人物は、長屋王家の各セクションに米を支給する伝票にサインしている人物である。この仮定があたっているとすると、長屋王商店は今日の商店の営業内容より、先ほどみた市庄に近い機能をもっていたと推測される。長屋王商店というより、長屋王家市出張所、といった感じである。

それにしても、飯と酒の販売が行なわれていたのであるから面白い。飯ということは、そのまま食べることができる。「笥」単位で販売しているということは、大きな釜から出して量り売りしているという販売方法ではなく、「笥」に詰めた飯を笥ごと売っているように考えられる。容器に入れて、容器ごと飯を販売しているのだから、まるで弁当の販売だ。平城京には長屋王邸ならぬ「長屋王亭」弁当店が営業していたわけである。

そして、もう一品が酒である。市場に行けば、酒が買える。金さえあれば、いつでも酒が飲める。平城京は、すでにそういう都市になっていた。

酒飲みの姿

酒の話になったところで、平城京の呑んべえたちを探してみよう。

「御神酒《おみき》」というように、神事《しんじ》や祭祀と酒は切っても切れない。宮内で行なわれる大嘗祭《だいじょうさい》や新嘗祭《にいなめさい》に酒は必需品だから、平城宮内の造酒司《ぞうしゅし》という醸造専門の役所で調えられた。造酒司では、巨大で、立派な井戸や、麴《こうじ》を保管した可能性が指摘される遺構などが発見された。この井戸から水を汲む当番の割り当てをしたと見られる木簡も出土している（宮―一二三七）。木簡では、ずらりと並べた発酵・貯蔵用の瓶《かめ》の首にぶら下げられたらしい付札やら（宮―一二三三〇など）、酒米の荷札なども出土した（宮―一二二五一など）。この造酒司関係木簡にも、大嘗祭に関連する木簡が多く含まれることが指摘されている。

田舎でも、酒をしこたま飲めるのは祭りの時だったようで、越前《えちぜん》国足羽《あすわ》郡の郡司である生江臣《いくえのおみ》東《あずま》人《ひと》なぞは、呼び出しをすっぽかした理由として、神社の春祭りでの二日酔いを口実にしている。

一方、はるか田舎の越前とはことかわり、大都会の平城京での飲酒は、何も神事に限らず、生活のさまざまな場面へと広がっていた。大伴旅人《おおとものたびと》の「讃酒歌」はあまりにも有名である。「あな醜《みにく》　賢《さか》しらをすと　酒飲まぬ　人をよく見ば　猿にかも似る」などというのは痛快きわまりない。宴席で杯を勧めてもしれっと断られたりすると、「猿め」と思うわけだが、断る方からみれば、あるいは客観的に見ても、赤い顔して目つきもなにやらおかしい様子で酒を勧める

造酒司で検出された井戸．この井戸で，酒を醸す水をくみ出したのであろう．

当方の顔の方が、よっぽど「猿にかも似る」はずで、きっとマントヒヒかなにかに見えているに違いない。この讃酒歌での酒との接し方は、神事に限らない飲酒の場面が前提となっている。憂さ晴らしに一杯、という世界が、すでに形成され始めていた、といえるだろう。

だが、憂さ晴らしに一杯引っかけて、その赤ら顔がマントヒヒに見えているうちはまだしも、飲み過ぎだの、酒乱だの、となってくるとこれは実に困ったものである。

葦原王という人物は、しょっちゅう酒屋で飲んでいたらしく、事件当日も御使《みつかいの》連《むらじ》麻《ま》呂《ろ》という人物と大いに飲んでいた。ところが、突然怒り出して、麻呂を殺した上、股を裂いて、さらにはなますにきざんだ、という（『続日本紀』天平宝字五年三月二十四日条）。

もはや酔っぱらいの喧嘩を通り超して猟奇殺人の域に達している。葦原王の場合、日ごろから素行が悪かった上に、酒を飲んで猟奇殺人まで犯して、しかも王族という身分があるがために記録にまで残った。だから、下々が酔っぱらって喧嘩する、などというのはしょっちゅうあったのだろう。

そんな様子なので、禁酒令もすでに存在していた。『続日本紀』は、天平九年（七三七）と天平宝字二年に禁酒令を載せる。天平九年は天然痘流行のまっただ中で、天候も不順と来ていた。そこで、神仏に祈るべく、肉食やら飲酒を禁じた。また、天平宝字二年には、「同悪」が集まっては悪い行ないを繰り返し、酔っぱらって節度を喪《うしな》って喧嘩ばかりしている、こうした事態を防ぐために、祭事等以外で集まって飲酒することを禁ずる、という命令が出た。実際、酔っぱらいの喧嘩が多発していたのだろう。ただし、これが藤原仲麻呂が政敵を次々と排除している時期であり、反対勢力の結集を警戒しての措置という側面も留意する必要がある。

また『万葉集』一六五七番の詞書きにも禁酒の記載があり、これは『続日本紀』に記された禁酒令とはまた別の禁酒令だったらしい。ただ、この禁令もまた、たんに酒を禁じたというより、酒を口実に人々が集まり、政治を非難したりして徒党を組むことを嫌った、という側面もあるようだ。

酒の場で上司をくさして、意気投合して、政治を批判して、と、どこかのサラリーマンたちと変わらない光景があった。一方、そうした場が一つの隠れ蓑となって、反体制派の集会となることもあったのである。

ともあれ、平城京での飲酒は、すでに神事から解放され、今日に相通じる側面が多くあった。憂さ晴らしに一杯やりたいのは今も昔も同じ、という時代に入っていた、といえる。

酒を飲む人
花ならつぼみ
今日もさけさけ
明日もさけ

だから、なんとか酒を入手したい。市にいって買えばよいが、役所でも時々酒が支給される。たとえば、肉体労働のきつい部署には、「辛酒」が水で薄められて支給されている。そこで、なんとかくすねたい。ただ、どうもいきなり「酒をよこせ」というのは後ろめたい。そこで口実が必要だったらしく、思い出されるのが「酒は百薬《ひゃくやく》の長《ちょう》」というやつである。たとえば、「司内穏便のこと」という待遇改善要求書では酒を「薬分」として請求されている。

さて、酒を頼み込んでいる木簡をいくつか並べてみると、なかなか面白い。まず、どうも遠慮が見られるのが、その分量の言い方である。「二升」とは書かず「二升許《ばかり》」とか、「二二升」とか書く。つまり、たんに「二升くれ」とは言わずに「二升ほど下さい」「二、二升下さい」という言い方をするのである。この微妙な曖昧さは、何ともほほえましい。

さらに傑作なのがその頼み込み方で、「どうか早急なるご処置を、はるかに仰ぎ見て、頭《こうべ》を垂れ、お願い申し上げる次第でございます」とまあ懇切の限りを尽くしているものや、

酒を頼み込んでいる木簡

「頓首死罪」というのは本当に打ち首にしてくれ、というのではなくて丁寧に書く手紙の決まり文句なのだが、それにしても大仰な言い回しという感想を持ってしまう。

そして、このあたりが面白いところで、酒がらみの木簡にはこうした「書状」タイプのものが比較的多い。文書木簡は、日常的な役所間のやりとりがほとんどで、決まり切った型式で品目や量目だけを記すとか、あるいはごくごく簡単なメモ書きがほとんどで、「書状」のような書き方をするものは珍しい。ところが、酒がらみのときは、酒そのものの管理に関するような木簡を除くと、結構こうした書状型式の木簡が目立つのだ。

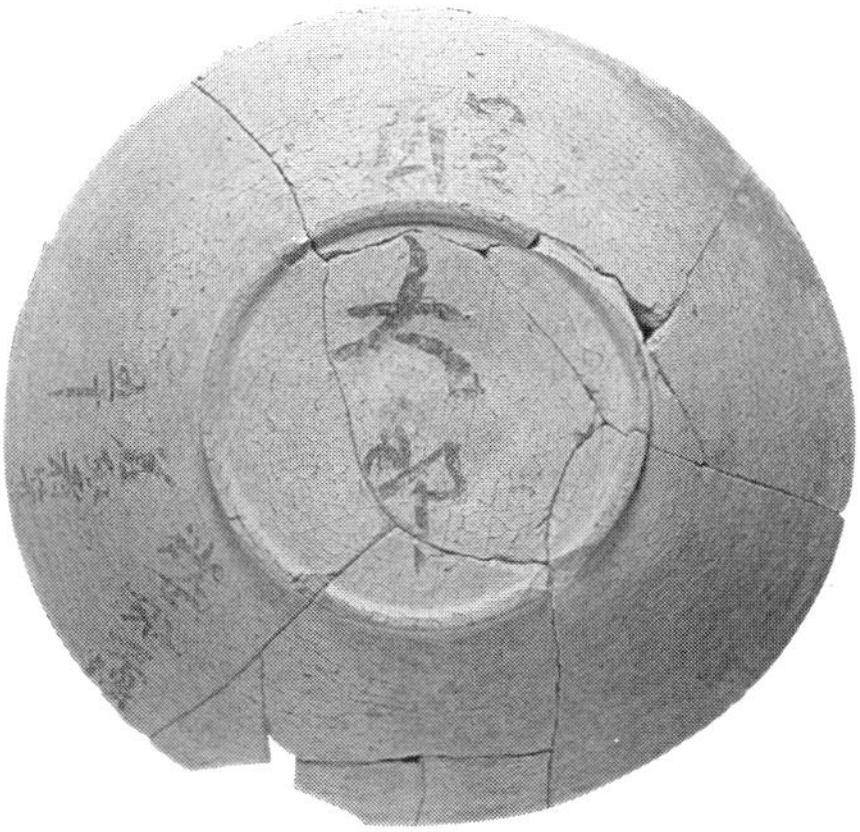

「呑み太郎」という意味だろう．よほど酒好きの人が居たに違いない．

わざわざ書状型式にするのは、単なる事務連絡ではないことが背景にあろう。本来なら支給されないはずものを無理に頼み込むとか、そういった事情があってのことだと想像される。酒をめぐる古代人の心情の機微や、平城京の社会環境を示しているように思われるのである。ちなみに、紙の書状で酒を頼んでいる例もあるが、この場合でも木簡の場合とよく似た言い回しをしている（大日古五―一四七）。

貴族たちはしょっちゅう宴会をしていたらしいが、下級官人たちも運が良ければ、役所主催の宴会の末席に連なることがあった。右兵衛府で宴会が催されたことが、『万葉集』三八三七番の詞書《ことばがき》に記されている。なお、このときに蓮葉《はちすば》に食事を盛りつけている。長屋王家木簡では片岡司《かたおかし》というところから蓮葉を取り寄せている（京―一七六など）。これも宴会の準備だったのだろうか。

平城京を支えた流通網

奈良時代、平城京を取り巻く流通網は、かなり発達し、成熟していた。この流通網が、平城京の巨大な消費を支えていた。

宇治川水運での木材の運賃は「国懸文《くにのかけふみ》」という形で公定運賃が定められていた。一方、運送手段が確保しにくいときは割増運賃を支払って輸送を確保している例もある（大日古一五―一七三）。輸送に馬を使ったことを叱責し、運賃の安い船便を使え、と指示している文書もあり（大日古一五―一六八）、当時の流通の多様性を語って余りある。

さて、この流通網の最大の結節点はいうまでもなく平城京の東西市なわけだが、京外の港湾なども重要な流通拠点であった。たとえば、平城京から奈良山を越えた場所に位置する泉津《いづみのつ》は、主力商品が材木であったことから「木津《きづ》」とも称される平城京の重要な外港であった。大寺院は泉津に「木屋《きや》」をおき、材木の調達に努めた。

さて、こうした流通の結節点では、人も物も多く集まるから、事件も多発したと思われる。そのうちの一件に関する文書が残っている（大日古一五―二〇五）。

仕丁《じちょう》・私部広国《きさいべのひろくに》は、石山寺《いしやまでら》の写経所に配属されていた。材木の切り出し・加工場との連絡に赴いた帰り、川を渡るのにその辺につないであった船を利用したところ、警備に当たっていた衛士《えじ》・日下部千足《くさかべのちたり》に「船盗人め」と言われて縛り上げられてしまった。事情を説明しようにも、全く聞く耳を持たない。広国は、津の周辺にあった衛士府《えじふ》の出張所に収監されてしまった。

仕丁逮捕という事態に、石山院写経所ではまず逮捕された衛士府出張所に連絡し、本人とも接触したらしい。だが、出張所との折衝は不調で、釈放の気配はない。そこで、衛士府の本庁に連絡をして身柄の釈放を要請することにした。文書が作成され、少初位上《しょうしょいじょう》という一応は位階を持つ身分の工 広道《たくみのひろみち》が使者として派遣された。

石山院写経所側の言い分はこうである。そもそも津はいろいろな船が浮かんでいる。時にはどこからか流れ着いた船もあるし、誰かに預けて停泊している船もある。広国はどういう船なのか知らずに、川を渡るちょっとの間利用しただけなのにとっ捕まってしまった。

文書の最初に、広国が「勅旨」の写経に従事しているのだぞ、と強調している風があるのは、衛士府に対しての脅しをねらったのであろうか。だが、冷静に考えると随分勝手な言い分に聞こえる。広国は、どういう船か、だれの船かわからないのに、勝手に使ってしまったのである。捕まっても仕方がないだろう。それを、「たくさん船がとまってるし、どういう船かわからなかったから、ちょっと使っただけ。許してよ」とは、いささかあきれる言い訳である。

ただ、この事件のおかげで、津にさまざまな船が停泊している様子を知ることができる。そして、さらに面白いと思うのが、津という都市的な場で、仕丁を衛士が捕まえている点である。仕丁も衛士も、全国から強制的に集められた、同じような境遇の人々だ。それが、集められた先の都市で、かたや治安維持に当たり、かたや容疑者として縛り上げられる。

奈良時代が、そして平城京が日本古代社会に与えた影響は、こうした場面からも推測することができるだろう。

下級官人たちの主張

司内穏便のこと

司内穏便のこと

奈良時代の待遇改善要求書として有名な資料がある（大日古二四―一一六）。「写経司解《しゃきょうしげ》し申す司内穏便事」ではじまるこの資料については、先ほどもちょっと触れた。この書き出し（事書）からは、まるで写経司の中が穏便ではなかったかのようにさえ感じられる。天平十一年（七三九）ごろのものとみられ、六項目の要求事項が書き連ねられている。

一番目。経師《きょうじ》を召すことを停めて欲しい。

現在遺っている紙が四〇〇〇枚。つまり写経する紙が四〇〇〇枚。一人当たりの一日の写経枚数が八枚。だから、四〇〇〇÷八＝五〇〇人日が必要労働力で、経師は二〇人いるから、実働二五日分の仕事量である。これでは、紙＝仕事量が少ないのに、人が多すぎる。だから労働力を調整しなければならない。そこでしばらく作業を止め、その間に仕事をためて、八月中旬から作業を再開するようにして欲しい。

二番目。浄衣《じょうえ》（作業着）を交換して欲しい。

去年の二月に浄衣を支給された。破れたり垢《あか》にまみれたり、洗濯しても悪臭がとれない。上着以外は全部交換してほしい。

三番目。経師の休暇が欲しい。

月に五日間はまとまった休みを取れるようにしてほしい。

四番目。装潢と校生《こうせい》の食事が粗悪である。

玄米食が支給されているが、これを改めて中くらいの品質の白米にしてほしい。

五番目。経師たちに薬用の酒を支給して欲しい。

いつも机に向かって、座って仕事をしているので、胸がいたんで足が痺《しび》れてしまう。三日に一度は酒を支給して欲しい。

六番目。毎日麦を支給して欲しい。

以前は毎日麦を支給していたのに、このところ支給されていない。以前のように毎日支給して欲しい。

さて、これら要求事項から、写経生たち、ひいては奈良時代の下級官人たちの勤務環境が実に劣悪で、労働が過酷だったとするのがこれまでの定説であった。

だが、これまでみてきたように、写経生たちの待遇はそれほど悪いものとは言えない。とすると、こうした地道な労働運動によってよい待遇を勝ち取ったのか、それともこの要求自体額面通り受け取るには少し問題があるのか。

前者の面も確かにあるだろう。奈良時代後半の資料をみるかぎり、装潢や校生にも白飯が支給されているから、こうした運動が功を奏したのかもしれない。ただし、やはり後者の面にも注目しておきたい。

たとえば、二番目の要求について。浄衣は写経事業ごとに予算化され、一定の時間に応じて機械的に支給される。その間に完全に消耗するとは考えにくく、写経生を何年かやっていればある程度の枚数の浄衣は手元にたまるであろう。それに、下着などは何も支給品でなければならないわけではない。この時点で通常より支給の間隔が長引き、不満を述べている可能性もあるが、「着る服さえない」というせっぱ詰まった状況とは考えにくいように思う。酒の支給についても、つらい仕事で憂さ晴らし、だとかあるいは座り続けて関節痛が多いなどの指摘がされている。平城京で飲酒が広まっていたことは先にも見た通りだから、「薬分」を額面通り受け取るかは慎重であってよいだろう。

奈良時代の生産調整

そういう中で、特に面白いのが一番目の要求内容だ。現在用意されている作業量と、労働量の数字を具体的に挙げながら、人員過剰を指摘する。奈良時代の生産調整であり、雇用調整である。平城京でこうした計算がされていたことも興味深いが、雇用者側からの解雇通知ではなく、労働者側からの人員過剰指摘というのも驚きである。下級官人たちは極めて良心的な労働者で、職場の状況をみて率先してこうした内容を指摘し、要求を提出した、ということなのだろうか。

実はこの一番目の要求内容は、非常にわかりづらい。それは「召す」という語の示す内容が、具体的にどういうことなのかがはっきりとしない点があるからである。

「召す」とは、「召集する」という意味だ。そして、この要求の中での「召す」が、現在所属している経師を一度帰宅させてしばらく召集しない、つまり作業を中断する、ということなのか、それとも「召し出す」つまり新規採用を中断しろ、ということなのか、はっきりと決めかねる。普通に読むと前者になるのだが、ちょっと引っかかる書き込みがある。

この文書は、提出されたものではなく、草案（下書き）である。書き込みや修正が加えられている。一番目の要求にもいくつか書き込みがあり、その中に八月中旬以降の対応として「全て召集せん」と書いてある横に「更に召し加えん」と書き込まれている。「全て召集せん」なら、現在所属する経師を自宅待機させ、八月中旬に再度召集せよ、ということになる。これなら、生産調整の要求となる。ここで注意しておきたいことが再招集の時期である。八月中旬は現在でいえば十月ごろで、ちょうど稲刈りが終わって一段落したころの時期だ。つまり、八月中旬以前は稲刈りだの作業がある農繁期にあたる。仕事もなく、布施《ふせ》も出ないのに写経所に居るより、家に帰って農作業をした方がよい。一息ついた八月中旬以降なら出勤してもよいなあ。そんな思惑が見える。

一方、「更に召し加えん」だったら経師を追加召集せよ、つまり新規採用せよ、ということになる。ただでさえ仕事が少ないのに、経師の新規採用などされたらますます干上がってしまう。仕事量は布施に直接響くのである。だから、作業量を確保した八月以降に、新規の採用をして欲しい。

どちらにせよ、この人員過剰の指摘も、それに伴う生産調整の要求も、写経生たちの利益をはかるためのもので、彼らの都合によって主張されている。下級官人たちは木簡でも待遇改善や苦情の申し立てをしている。前に見た、おかずへの苦情や、塩が付いてこないことへの文句などだ。この「司内穏便のこと」の要求も、そうした申し立ての一例ということができる。

火のないところに煙は立たない。だから、一定の事実は確かに含んでいるはずである。ただ、だからといってその書きぶりをすべて鵜呑みにするわけにもいかないだろう。両者の微妙な狭間に、下級官人たちの自己主張が見え隠れするように思われる。

腹痛百景

そんな彼らが、腹痛やら下痢やらで休みを申請していることがある。同じ腹痛やら下痢やらでも、人によって随分と言い方が違う。たんに「腹病だから」とか「赤痢にかかったから」とぶっきらぼうに記すものから、病状を丁寧に述べたりするものまで、また休暇の頼み方も人それぞれである。

大宅《おおやけ》立足の症状は具体的だ（大日古一三―四七五）。下痢になって「食を留めず」という。食が留まらないという事態がいかなるものかは、すぐに想像できるだろう。何か口にすると、すぐにトイレに駆け込む、そんな状態だったらしい。しかも、治療しても「止まることなし」という。その結果、体力が低下して筆さえ持てない、と訴えている。「止まる」は病気が治ることで、「やむことなし」と読むべきなのかもしれないが、症状が症状だからつい「とまることなし」と読みたくなる。

美努石成《みぬのいわなり》は、宝亀《ほうき》三年（七七二）八月八日、腹痛をおこして四日間の休暇を申請した（大日古二〇―五八）。この時の書類は非常に淡々と、事務的なものである。ところが、八月十三日に、彼は再び書類を提出した（大日古二〇―五七）。今回は欠勤届で、前回とは文面の調子がいささか異なる。八月八日に腹痛がおき、治らないので出勤できません。もし治ったら、「昼夜を論ずるなく」出勤します。治ったら直ちに、夜だろうと昼だろうと出勤すると宣言している。

後家川麻呂は、朝からおなかが張っていて、変だ変だと思っていたらついに下痢がはじまった。治療しても、いっこうに止まる気配がない（大日古二〇―六二）。そこで、彼は欠勤届を提出するのだが、その文言がやたらと丁寧である。もし少しでも良くなったら、すぐに参上します。一瞬たりとも、もたもたしたりさぼったりはしません。なにもそこまでと思うほど丁寧である。この文書は書状型式で、通常の事務的な請暇解《せいかげ》や不参解《ふさんげ》とはややことなるから、そのあたりのことが影響しているかもしれないが、それにしても随分と下手に出ている。

下手に出ているということでは、坂合部浜足《さかいべのはまたり》も負けてはいない（大日古一七―五六三）。神護景雲四年（七七〇）八月五日に赤痢が発症し、三日間の休暇をもらったものの、八日に至っても治らない。そういうわけで欠勤します。ここまではまだ比較的淡々と事情を述べる。だが、追伸で次のように記す。

退きて請う。もし病息平《そくへい》せば、昼夜を避けず寺家に参向せん。敢えて奸滞《かんたい》せず。よりて愁状を注す。以て解す。

言っている内容は川万呂と同様、わざわざ追伸でしかも「退きて請う」と書き始めるあたり、かなりへりくだっている。

病気の欠勤でクビになることが、それほど怖かったのだろうか。これまでも欠勤が多くて、問題になっていたのだろうか。腹痛と言えば、今日でもずる休みの定番だが、そうした疑いを掛けられがちだったのだろうか。

さて腹痛というと長屋王家木簡に、律儀というか几帳面というか、そんな人物が登場する（京―一七二三）。土器類の購入に伴う書類の木簡の、文字の間みたいな所に、「稲積は急な腹痛のため、参上できません」という書き込みがされている。

そういえば、写経所にも神経質というか几帳面というか、そんな男がいた。写経所の引っ越しに際して、やたらと細かい指示を書き記し、さらには「大便にも小便にも」経典を収めた箱の鍵を掛けるように、とまで書き記した。志斐麻呂《しびのまろ》という男である。何かと主張

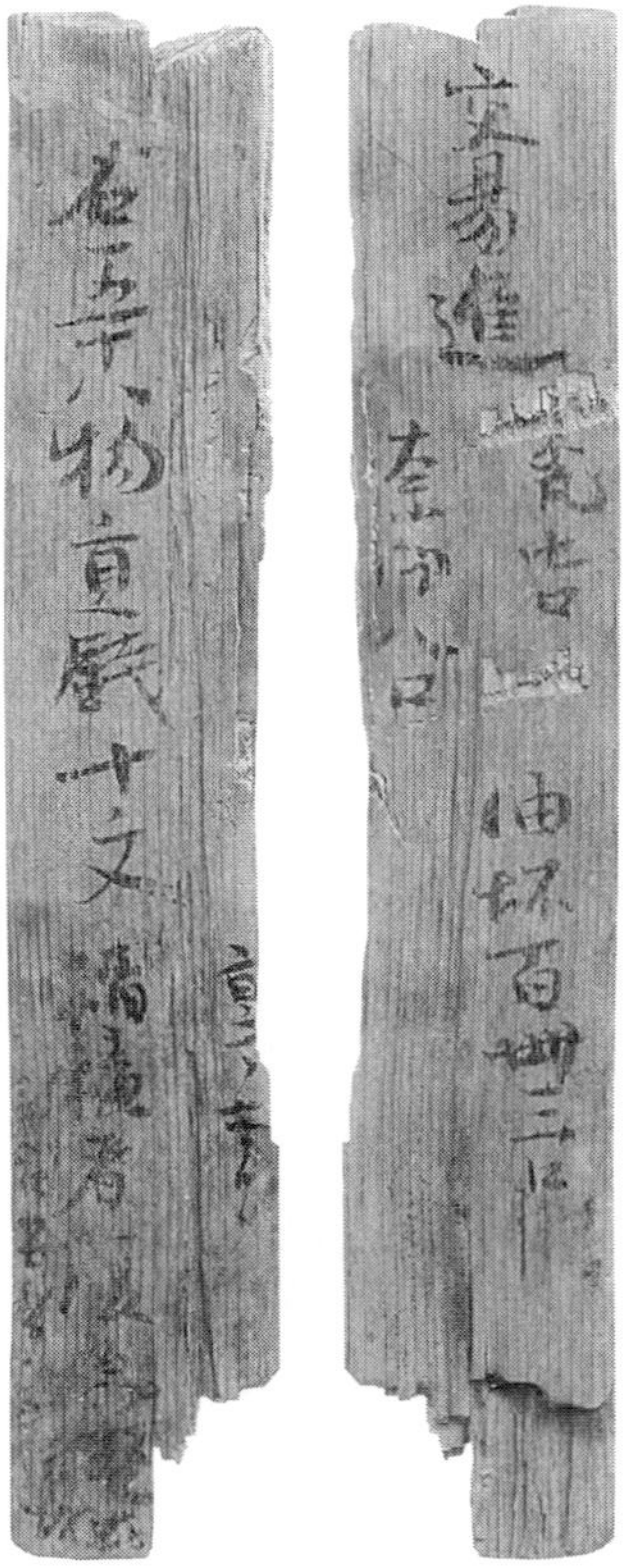

腹痛により参上できない旨を記した木簡．裏面の空いたスペースに書き込んでいる．

の強い写経所の面々にも、こういう人間はいたわけだ。いや、志斐麻呂は事務部門の管理職だったから、主張の強い連中をまとめるために几帳面になったのかもしれないが。

詫び状の提出

そんな下級官人たちがしおらしく詫び状を出している例がある。有名なのは「今回の件は、宴会を一回開くのでチャラにして」という素敵なものである。この詫び状は、役所に正式に出されたものではなくて、下級官人仲間で内々に処理した場面での「念書《ねんしょ》」のようなものだったとされている。仲間内なればこその計らいである（大平聡「宴開いて水に流して」『奈良古代史論集　三』真陽社、一九九七年）。

一方、非常に重々しい雰囲気のものもある（大日古六―一六二）。中室浄人《なかむろのきよひと》は礼儀に反する行動をしたというのだが、具体的に何をしたのかはさっぱりわからない。だが、相当の落ち度と認識される内容であった。昼は仕事に励み、夜は泊まり込みでお仕えする、業務に精進しますからお許し下さい、となんとも大仰な言いぶりである。文字もすさまじく丁寧だ。まるで写経の文字である。日付の後ろには、この詫び状の証人たちがずらりと名前を連ねている。証人の署名は、筆跡が違うようなので、それぞれの人物がサインした自署らしい。だから、単純な下書き、というわけではなさそうだ。

中納言殿の使者に託す、とあるから、中納言殿の所に提出したのだろうか。だが、この文書は正倉院に伝わった。他の休暇願などと貼り継がれ、裏返されて、宝亀二年（七七一）九月の奉写一切経所食口案《ほうしゃいっさいきょうしょしょっこうあん》として再利用された。写経所で保管され、再利用されているのだ。もし正式な文書で中納言殿の手に渡り、そのまま中納言殿の屋敷や太政官《だいじょうかん》に保管されたならば、正倉院に伝わるはずはない。だから、中納言殿の所から写経所に戻ってきたか、あるいは最初から中納言殿の所には行っていないか、どちらかになるはずだ。

そこで、「申聞無」という書き込みが注目される。「詫び言は聞き届けられなかった」という意味にも考えられるが、本文文末の「謹以申聞」の「申聞」が「申し上げます」という意味なので、「申し上げなかった」という意味である可能性が高い。すると、使者に託したものの、結局提出しなかったか、あるいは結局使者に託すのもやめた、ということと判断される。だから、写経所に残って、反故紙《ほごし》として利用されたと考えると矛盾がない。

せっかく丁寧に書いて、証人までそろえて詫び状を用意したのに、写経所の判断で提出が見送られた。本人としては、不安だったかもしれない。だが、その後も中室浄人は写経所でもりもり働いているから、結局大きな問題には発展せずに一件落着となったようである。写経所サイドでうまく事態を処理することに成功したらしい。

勤務先の役所が処理したという点が面白い。勤務先の役所は、たんなる勤め先ではなく、危機に際して自分を守ってくれる組織であり、またそこの同僚たちは宴会で問題をもみ消してくれる仲間であった。官司は一つの共同体として機能していたのである。

ただ、どうせなら何をやらかしたのかも書いておいてくれたら良かったのに。

江戸患い

「司内穏便のこと」でも取り上げられているが、写経生たちにみえる病気に「足病」がある。司内穏便のことでは、一日中机に向かって、同じ姿勢で座りっぱなしのために、関節痛になった、という主張がなされている。写経生たちの「職業病」とでもいうべきもの、と解釈されている。

一日中同じ姿勢で写経をしていれば、足腰が痛くなるのはわかるのだが、関節炎になるほど、というのは少しひどい。そこで考えられる病気として、脚気《かっけ》があるだろう。下肢がむくみ、痺れるという。単なる関節炎のほかに、脚気の患者もいたのではないだろうか。江戸時代に、「江戸患い」という言葉がある。脚気の別名で、江戸に行くとこの病気になり、箱根の坂をこえると治る、ということからのネーミングだ。江戸では白米食が普及し、田舎ほど雑穀や玄米を食べない。また蔬菜《そさい》類など副食物の摂取も、江戸と田舎では違う。そういった食生活に起因してのことだという。

写経生たちが白米を食べていたことは先ほど述べた。白米を食べても副食物が豊富で、ビタミンBを多く摂取すれば脚気にはならないだろう。だが、彼らのメニューから考えると、十分なビタミンBが摂取できたか、不安に思われる。

写経生たちは、貴重な白米を食べることができた。それはおそらく、「好待遇」の象徴でもあった。しかし、その好待遇は同時に恐ろしい病気をもたらした。「司内穏便のこと」では玄米から白米への改善を要求している。その待遇改善がもたらすであろう病気と症状について、同じ「司内穏便のこと」で、その待遇改善要求の数行後ろで指摘している、というのはなんとも皮肉である。

太い奴ら

休暇申請書類、「請暇解《せいかげ》」や後出しの休暇申請書類「不参解《ふさんげ》」は、下級官人の主張の宝庫だ。その中には、なかなか図太い連中が居る。

不思議な休暇申請

広田清足《ひろたのきよたり》という、一人の強者《つわもの》の言いぐさを聞いてみよう（大日古一四―四四七）。

広田連清足謹んで解し　申し請う暇日の事
右、今月廿三日の夕より、足腫れ、歩行に不便なり。望み請ふらくは、十箇日の暇をたまひ、療治せん。仍《よ》りて事状をつぶさにし、謹んで解す
天平宝字四年十月廿四日

彼は、造東大寺司写経所《ぞうとうだいじししゃきょうじょ》の経師《きょうじ》である。十月二十三日の夕方に、足が腫れてしまい、

歩くのもままならない。ついては、治療のために一〇日間の休暇を戴きたい、と申請している。申請日は、足が腫れ上がった翌日の十月二十四日である。

写経生たちは、腰だの足だの不具合をしょっちゅう訴えている。「司内穏便のこと」でも述べていたとおりだ。彼もまた、働き過ぎであろうか。かわいそうに、足が腫れ上がって歩行さえ困難だという。夕方から腫れ上がって、どのような不安で苦しい夜を過ごしたのであろうか。しかも、そんな状況にもかかわらず、翌日には律儀にも休暇の申請を役所に提出しているのである。

哀れで律儀で、そんな人物の姿が目に浮かんでくる、はずであった。だが、彼の言葉の後ろに、思いがけない言葉が並んでいた。提出された清足の休暇願いの後ろに、別人の筆跡でこんな文字が書き込まれていたのである。

経師広田清足帙了る。今月十五日例によりて休む。去《さん》ぬる十九日を以て到るべきも限を過ぎて到らず。今、病状を申し送る。

廿四日　史生　下道福麻呂

造東大寺司主典　安都宿禰参行幸所

広田清足は、実は十五日から休んでいた。これは、「帙了る」ということであるから、仕事の区切りに伴う休暇であり、三、四日程度が普通である。彼も、十九日には再び出勤しなければならなかった。しかし、その十九日になっても清足は出勤してこない。そして、今、病気である旨連絡してきた、というのである。

何か変だ。十五日の休暇が終わって、次の出勤予定日が十九日である。一方、清足の言い分を完全に信じるとしても、彼の足が腫れ上がったのは二十三日の夕方である。十月十九日から、二十三日夕方までの間は、どうしてくれるのか。全く、清足は説明していない。そもそも、十九日から無断欠勤をしていた清足は、どうして二十四日になって急に休暇願いを提出する気になったのだろうか。

彼の心境の変化の直接的な理由はわからないが、類推させる例がある（大日古一四―四四四）。

無断欠勤者のリスト

奉写一切経所召す

経師秦豊穂　高赤麻呂「止」　万昆太智　中臣鷹石
中臣諸立　穂積万呂　辛国千村　史戸木屋万呂
十市正月　春日部伯　宇智若江　陽胡田次

合せて弐拾陸人

右十二人、帙了りて暇を請け並びに限日を過ぐ
安宿大広　城上神徳　鬼室小東人　念林老人「辰時受」
飛鳥種万呂　赤染広庭　万昆島主「追」　大宅人上
民豊川　鬼室石次
右十人、請暇の限りを過ぐ
高市老人　浄衣を請け得るに病のため未だ参ぜず「受巳時」　刑部真綱今月廿一日より故なく上らず
装潢能登忍人　浄衣を請け得るに久しく限日を過ぐ　石田島足　暇を請け限を過ぐ
以前の人等、並びに期限を違ひ、今に至りて未だ参ぜず、仍りて坤宮官今良上島津を差してこれを召す、事期限あり、遅怠するを得ざれ、其の都中の人等は、宜《よろし》く食を充つべし、其の都外の人等は、宜く食馬を充つべし、今以て状し、牒示す、
天平宝字四年九月廿七日　史生下道朝臣「福麻呂」
外従五位下池原公造東大寺司主典阿都宿禰「雄足」
休暇の期限が過ぎても出勤してこない写経生たちをリストアップして、呼び出している文書である。総勢二六人、ずいぶん大勢が無断欠勤している。無断欠勤者の大半は、広田清

足同様に「帙了」の休暇に入って、そのまま出勤日になっても出勤しない者である。また、別の理由で休暇をとって、やはり期限を過ぎても出勤してこない者もいた。

高市老人は、浄衣の支給を受けながら病気でなかなか出勤してこないし、刑部真綱は、どういうことか「故なく」＝理由もなく出勤してこない。腹痛の休暇願にまるでおびえるようにいろいろな言葉を書き込んでいた、あの写経生たちのなかに、これだけ大勢の無断欠勤者がいたのである。

役所の方も、さすがに怒ったのか、使者を派遣して彼らを呼び出した。高市老人は、病気だ、と言っているのに、「作業着を受け取った以上は出勤しろ」ということで呼び出されているのだから、なかなか厳しい。また、「事、期限有り、遅怠するを得ざれ」と、これ以上のサボりを、きつく禁じる言葉も書き込まれていた。

携帯電話やメールというわけにはいかない。使者になった上島津は、彼らの家を、それも平城京内だけではなく、京外にもあちらこちらに散在している家を、一軒一軒訪ねたのであろう。そして、召文を見せて出勤を促し、あるいは欠勤の事情を尋ねていったのである。上島津は坤宮官の「今良《こんりょう》」である。今良、とは官奴婢《かんぬひ》が奴婢身分から解放されて良民とされた後も、元々の役所に隷属し続けるよう再編成された人々の呼称である。奴婢ではないものの、決して高い身分とはいえない。はたして、呼び出しを受けた人々は、呼び出し状を持ってあちらこちらと訪ね歩いてきた今良・上島津に、素直に快く対応したであろうか。それとも、腹いせに邪険な扱いを受けて、島津はつらい思いをしながら、二六軒の家を回ったのであろうか。

呼び出されて言い訳をして

再び清足の話にもどろう。このような呼び出しを、清足も受けたのではないか、と推測されるのである。呼び出しに来た使者に、事情を説明した休暇申請書を託したという例も存在する（大日古六—三三〇）。

桑内真公解し　申し請う暇日の事
　合せて四箇日
右、足病を発し、比来の間苦く侍る。加以《しかのみならず》、未だ左京職《さきょうしき》の籍を勘ぜず。此《これ》によりて参向するを得ず。仍《よ》りて状を注し、喚使大伴真広に附して申送す。以て謹んで解す。
　　宝亀三年六月八日

桑内真公は、足病で苦しんでいた。しかも、勘籍《かんじゃく》も行なわなければならないのに、済んでいなかった。そこで、四日間の休暇を申請している。そして、こうした事情を記した休暇申請書類を、「喚使《かんし》（＝呼び出しの使者）」である大伴真広に託している。どうやら、桑内真公は写経所にしばらく出勤していなかった。そして、大伴真広が呼び出しの使者としてやってきた。だが、歩くことも、出勤できないでいた桑内真公は、その呼び出しの使いに書状を託したわけである。

桑内真公は、この時は、一応神妙だったようだ。しかし、広田清足は、そんなに素直に呼び出しに応じる男ではなかった。いや、清足だけではない。呼び出されても蛙の面に小便のような人物は、他にもいる（大日古二〇—五四）。

荊国足解し　申す不参の状の事
　右、私の経を奉写するによりて、比日の間怠り侍る。纔《わずかに》八月廿日を以て写し了《おわ》る。為参向間、同日午時を以て国足妻の兄の死去を告げ来る。是を以て棄つるに忍び得ず、山代に退り下る。今怠状を録して申送す。以て解す。
　　宝亀三年八月廿一日酉時
　謹上　道守尊卿記室

荊国足は、熱心な仏教徒だったのだろうか。「私経」すなわち国家や写経所の仕事ではない、個人的な（荊国足自身のものか、頼まれたものかはわからない）写経を行なっていて、しばらく休んでいた。この写経が、八月二十日に終わったのだが、その日の午時（昼ごろ）に荊国足の妻の兄、義兄死去の連絡が入る。すてておけず、山代《やましろ》に向かうことにした。そこで、その事情をご連絡申し上げます、という文書である。義兄の死をほったらかして勤務というわけにもいくまい。

だが、どうも腑に落ちない。この書類で、彼は何を言いたかったのであろうか。もし義兄が死んで、休暇が必要ならその旨だけを書けばよい。にも関わらず、わざわざそれ以前の休暇のことまで書いている。そして、この謎の前半の休暇の記述と、後半の記述をつないでいる言葉が、「為参向間」である。非常に訓読しにくいのだが、この「為参向間」という言葉に謎を解く鍵が潜んでいるようなのだ。

この「為参向間」という表現が使われている文書は、もう一通ある（大日古二〇―六三）。

淡海金弓謹んで解し　申す不参の事

右、去ぬる四月十八日を以て、五箇日の暇を請う。次で経所に為参向間、当五月十一日を以て、忽《たちま》ち金弓の身病に臥せり、参向する事を得ず。仍……

淡海金弓は、四月十八日に五日の休暇を請求した。その後、五月十一日になって、「忽ち」病になって寝込んでしまい、出勤できない、と訴えている。

ここでも、わざわざ、四月十八日からの休暇の件を書き添える必要はどこにあるのだろう。なぜ、五月十一日の病気以降の話だけではいけないのだろうか。そして、「為参向間」は今回もこの前の休みと後の休みをつなぐ場所に、書かれている。

この「為参向間」については、これまでに「参向を為せし間」＝「出勤していたところ」という読み方が提示されている（『正倉院文書の訓読と注釈　請暇不参解編』（一）（二）奈良女子大学、二〇〇五・二〇〇七年）。だが、「参向せんとするの間」＝「出勤しようとしていたところ」という読み方の方が適切だと思う。

休暇をとって休み、期限がきて出勤しなければ、と思っていたらまた別の事情が発生して、出勤できません。そういう書類であれば、最初の休暇についても言及するはずである。「為」という文字は、目的を示す場合にも用いられる。目的であれば、その内容はまだ実現していないはずである。「そうしなければならないがまだ実現していない」というようなニュアンスが含まれているのではないかと思う。

すこし込み入った話になったが、つまり、この二人は休暇の期限をすぎても出勤せず、いよいよ呼び出されたら、義兄が死んだの、急にひっくり返っただのといって、さらに休み続けた、そう考えられるのだ。じつに図太い、というより他はないであろう。

息抜きとおもちゃ

下級官人たちの、息抜きの様子を少々。

まずは宴会。先ほど挙げた詫び状にも宴会が出てくるし、兵衛府《ひょうえふ》で宴会が催されたこともすでに述べた通りである。宴会とまでいかなくても晩酌《ばんしゃく》で楽しんだであろうことも、これまでの検討から想像されるであろう。

このほかに、くじ引き遊びをしていた形跡がある。長屋王邸宅内から出土した木簡には、「此取者成盗人妻」などと書かれた角柱状のものがある。同じ大きさ・形状のものがいくつか有り、くじ引きのようにして遊んでいたと考えられている（東野治之「長屋王家木簡の「御六世」」『国文学　解釈と教材の研究』四七―四、二〇〇二年）。一方、内裏外郭内北官衙《かんが》出土の木簡には、繊維製品の名前だけを記した小さな木札が含まれるが、これがご褒美などでもらった繊維製品を山分けする際に利用されたくじ引き札である可能性が指摘されている（渡辺晃宏「平城宮跡出土の「籤引き札」」『日本歴史』七〇九、二〇〇七年）。くじ引きで、ちょっとしたばくち気分を楽しんでいたのであろうか。

ばくちといえば、さいころを忘れるわけにはいかない。平城宮内の官衙域から、立方体のさいころが発見された（『奈良文化財研究所紀要二〇〇九』）。なかなか立派なもので、現在のさいころともよく似ているのだが、反対側の面同士の数字を足すと七になるというルールはまだ確定していなかったようだ。さいころは、兵衛クラスの武官に関わるとみられる木簡群と一緒に出土している。兵衛たちは仕事の合間に、時には仕事中にも、さいころで遊んでいた。

碁をたしなむものもいたことは、長屋王誣告《ぶこく》の件から知ることができるし、古代下級官人たちもゲームやら、宴会やらで楽しんでいたわけである。

ちなみに、子供のおもちゃはどうか、というと、竹とんぼらしきものや独楽《こま》が出土しているから、こうしたおもちゃで遊んでいたのであろう。

子供といえば、出産の際の胞衣《えな》を人の通る場所に埋めて、踏んでもらうことで子供の健やかな成長をねがう、という習俗がある。平城京でも胞衣を納めて埋めたと考えられる壺が出土している。この壺には、墨や銭も納められており、役人として身を立てていくこととの関連性が指摘されている。子供の成長を祈るのだから、犬の人形とか、おもちゃを入れてあげればいいのにと思うのだが、古代人はそうは考えなかったようだ。

したたかな生き様

召文の世界

呼び出し状を、「召文《めしぶみ》」と呼ぶ。「召」という文言で始まるのが特徴で、召字の前に呼び出し元が書かれる場合が多い。正倉院文書に残るほか、木簡でもたくさん出土している。「解」とか「符」といった、律令に規定のある文書型式・公式様文書とは異なり、日常的な文書の様式ということができる。平城京内だけでなく、全国各地でも利用された。

召文木簡の例をいくつかあげてみよう。召文木簡では、「召急」と非常に急いでいることを強調したり、あるいは「不過日時」などと時間まで問題にしていたり、あるいは典型的な召文ではないが二一六頁1では時刻まで記載して呼び出していたり、という具合で、

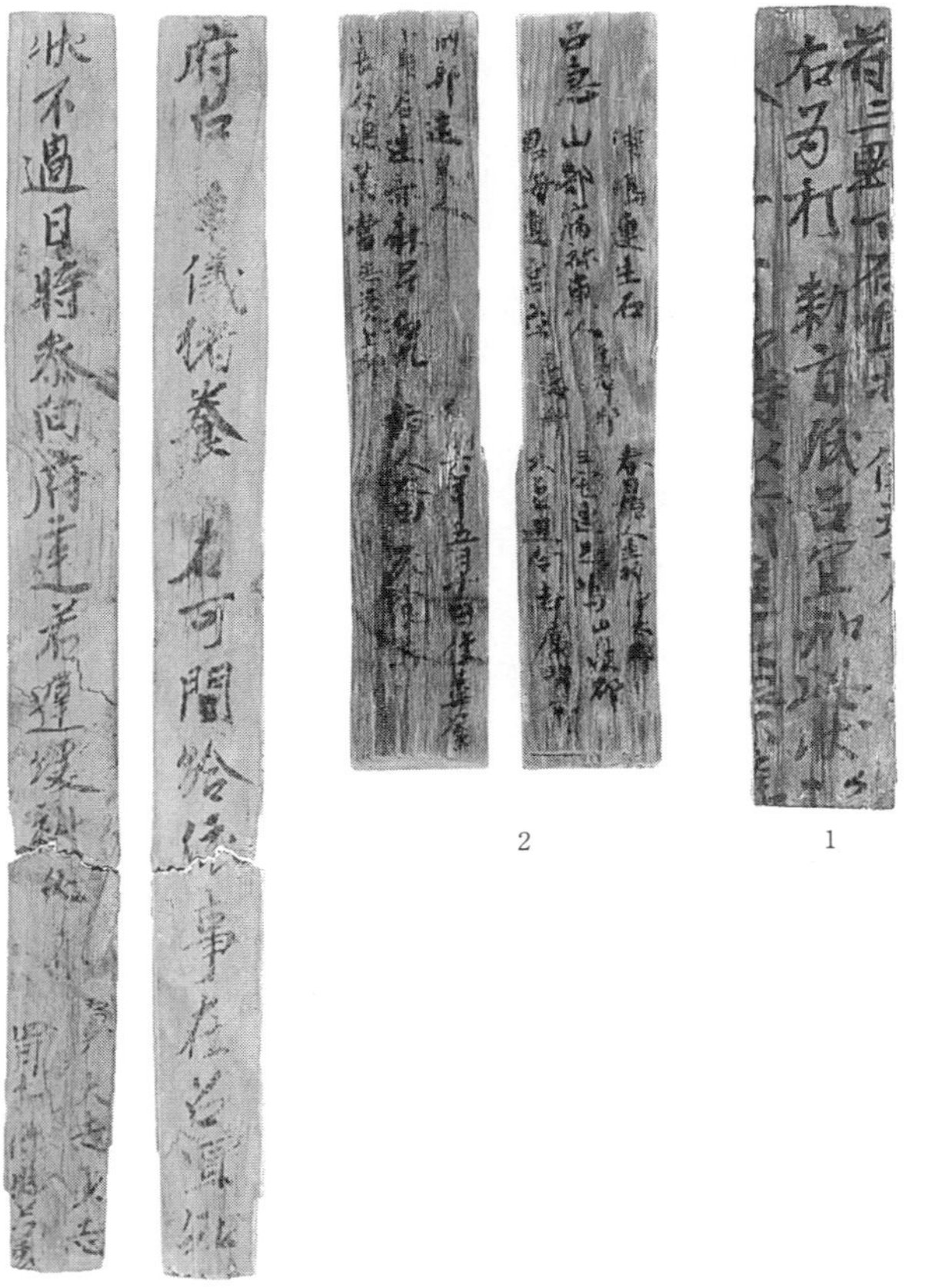

1　2　3

召文木簡

いわば「緊急呼び出し」というような印象がある。

しかし、よくよく調べてみると、どうも必ずしも「緊急呼び出し」というわけでもなさそうなのである。二一六頁1の木簡は、確かに三野部石島《みのべのいわしま》の呼び出しの可能性もあるが、三野部石島に物品の進上を命じた木簡の可能性も高いであろう。もし紙の進上を命じたのであれば、いわゆる召文ではない。

速やかな出頭を命じる文言を見てみると、先ほどの写経所の召文と木簡の召文とでは大差ない。二一六頁3の「もし遅緩せば必ず罪を科さん」という表現は、先ほどの写経所の呼び出しと比べて、それほど厳しくはない。だから、召文木簡の急がせ具合としては、無断欠勤の写経生を呼び出すのと同程度の場合が多かったということができる。

時間まで厳守するよう急がせているように見える二一六頁3の木簡も、どうもよくよく文字を観察すると違う見方ができる。「日時」ではなく、「日将」と書いてあるようなのだ。すると、「日時を過ごさず、府庭に参向せよ」ではなく、「日を過ごさず、将《まさ》に府庭に参向すべし」となる。また、仮に「日時」のままであっても、召文で「日時」と記される例は他にないから、特例的なものということができる。

議論がすこし込み入ったが、要するに木簡の召文と紙の文書による召文の世界はほとんど同じなのである。

と、いうことは。

平城宮から出土する召文木簡で呼び出されている彼らも、非番で休んでいるのに無理矢理緊急に呼び出された面々ばかり、とは限らないのではないか。むろん、特別な理由で呼び出された者、出向先から呼び戻された者などもいるだろう。だが、理由を明記せず「早く来い」というような召文で呼ばれた者は、写経所で呼び出されている連中と同じ理由の場合もあったのではないだろうか。つまり、彼らは無断欠勤者だったりするのではないか、と考えるのである。

問いただすことがあるから出てこい、と言われた牟儀猪養《むぎのいかい》だが、案外その詰問内容は欠勤理由かもしれない。彼は兵衛だから、写経生より勤務の管理が厳しいはずで、そのあたりが高圧的な文言に関係している、そうも考えられるのではないだろうか。こういった事態が想定されるとすると平城宮でもずいぶんと欠勤者がいたのではないか、と思われてくる。

さて、正倉院文書の召文には「合点《がってん》」が付けられたり、追記のメモが書き込まれたりしているが、木簡の召文にはない。紙の召文と同時に、それに基づいた木簡の召文が作成された。使者は、丈夫な木簡をもって呼び出しに出向いた。場合によっては人数分木簡が作られたかもしれない。一方、呼び出しの管理には原本である紙の召文が用いられた、――そんな場面を想定しても、さほど大きな間違いではないように思う。

下級官人たちの出勤日数

下級官人というと、日夜休みなく働いていたという印象がある。しかし、召文木簡からの推測――召文木簡で呼び出された者の中に、無断欠勤者がそれなりに含まれているのではないか――が当たっているならば、あちこちの役所で無断欠勤者が発生していた可能性が考えられる。もう少し掘り下げて、欠勤の状況と理由を考えてみる必要がありそうだ。

下級官人たちが、実際にどれほど出勤していたのか、それを知る手がかりは木簡の削屑にある。

考選《こうせん》の事務作業の過程では、個人の名前や本貫地《ほんがんち》・年齢、それに出勤日数などを記した木簡が利用される。考選木簡と呼んでいるが、この木簡も削られて何度も利用されるので、考選木簡由来の削屑が大量に発生する。この削屑が人事評価を担当する役所である、式部《しきぶ》省の周辺からどっさりと出土している。

この削屑たちから、「考」の木簡に書かれた、一年間の上日と考えられる数字を探しだせば、彼らの出勤状況を知ることができるはずだ（表3）。すると、一年間の上日が三〇〇日を越える激務の例は決して多くはない。奈良時代前半では一〇〇〜二〇〇日程度が最も多い。下級官人は、普通の役所に勤めていれば一四〇日、トネリとして勤務していれば二〇〇日以上の出勤で考を得られる。これを踏まえると、必要最低限の上日で済ましていた連中が最も多かったのである。

奈良時代後半はどうか。日数で最も多いのは、二〇〇〜三〇〇日である。あたかも、勤務日数が増加傾向にあるように見える。だが、注目したいのが「去不」という文言である。奈良時代後半になると、考木簡に前年の勤務評定を書き込むようになる。もし前年の考が「上」であれば、「去上」と書き込む。こうした記載を整理すると、前年に上中下のいずれでもよいから、何らかの考を得ているケースが七六件であるのに対し、前年に考を得ていないケースが七八件と上回るのである。

考が得られない、とはどういう事態なのだろう。「天平勝宝七歳造講堂院所解」という文書に、興味深い記載がある（大日古一三—一五六）。天平勝宝七歳、造講堂所で考に関連して報告すべき人間は全部で一七人おり、そのうち五人が「不考」で一二人が「見考」であった。不考五人の内訳は、出勤日数不足が三人、喪に服している者が一人、軍団からの

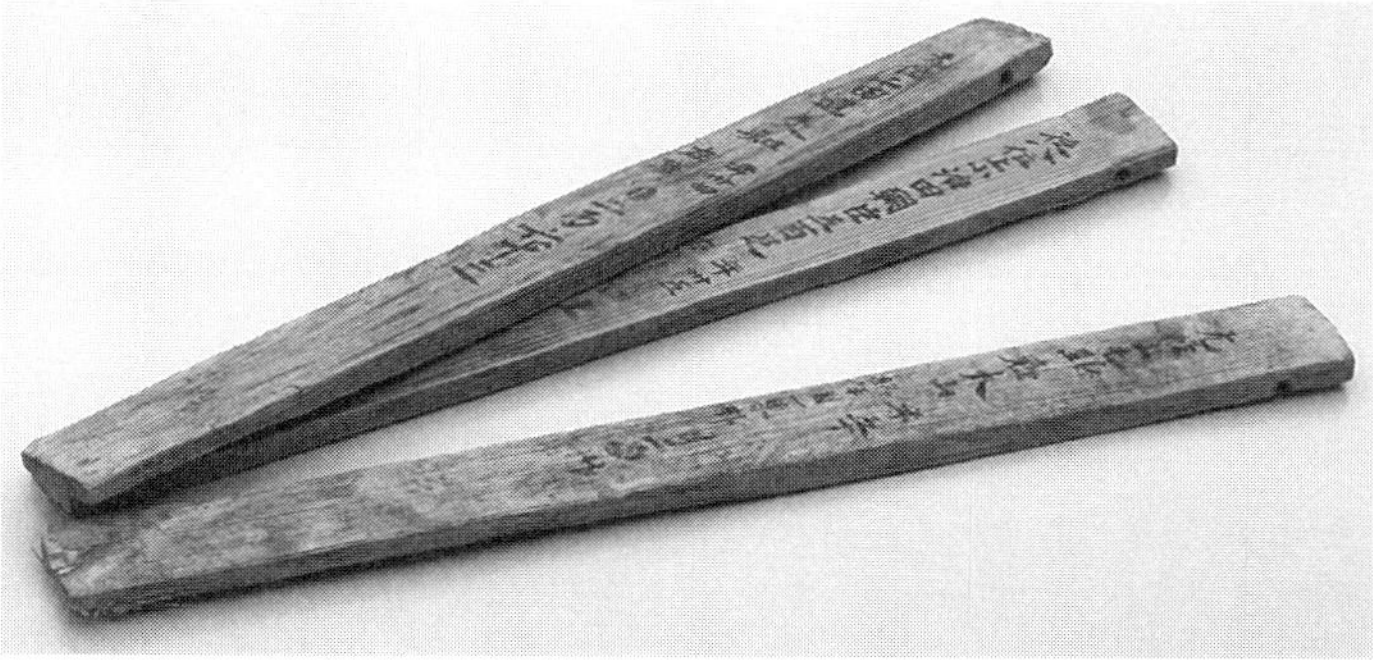

考選木簡．側面に穿孔されている点が特徴的．個人の位階・氏名の他，年齢や本貫地などが記され，考選事務に用いられた．厚手で，削られて何度も再利用されたため，多くの削屑が発生した．

表3　出勤日数リスト

出勤日数		奈良時代前半		奈良時代後半	
300～		6		3	
200～299		10		15	
100～199	190～199	13	1	2	0
	180～189		3		0
	170～179		0		0
	160～169		1		0
	150～159		2		0
	140～149		2		1
	～140		1		0
	不明		3		1
～100		1		0	
去　上・中・下		—		76	
去　不		—		78	

連絡で所属が変わってしまった者が一人。要するに何らかの理由で、造講堂所への出勤日数が不足している人々である。

制度的に考えても、勤務日数さえ足りていれば、下であろうと何らかの考は得られる。考が得られないのは、勤務日数が足りない場合に限られる。だから、不考は何らかの理由で出勤日数が足りないことを意味する。奈良時代後半、下級官人たちのうちの半数が、考を得るには勤務日数不足だった。役人名簿に載った人々の半数は、基準を満たせない出勤日数であったのである。奈良時代後半の上日記載で一〇〇日代が少ないのは、勤務評定を受けられない彼らの出勤日数が書かれなかったためと考えれば、つじつまが合う。

欠勤の理由

勤務日数不足の理由は、いくつか考えられる。造講堂所解では、喪に服している人や、転勤による日数不足の人がいた。ただ、転勤の場合、造講堂所からみれば出勤不足でも、転勤先と合算すれば日数が足りるかもしれない。式部省は転勤前・転勤後を通じて見ている役所だから、今回の検討ではこの「転勤」に伴う可能性はまず考えなくてよいだろう。

このほかには、病気や死亡が考えられる。「去不」の隣に「死」と書き込まれている木簡が六点ある。だが、「死」とのみ記された削屑の点数なども勘案すると、「死」以外の理由で人事評定を得られなかったケースが、少なくとも四〇件程度はあるはずだ。

残念ながら病気がどの程度の数になるかはわからない。分番官《ぶんばん》の場合、出勤日が規定されていて、これ以外の日に来ても出勤日数にカウントされなかった可能性もあるかもしれない。ちょうど自分の出勤日に病気になってしまった。結果として出勤日数不足になる、という可能性もあるかもしれない。

だが、分番官の勤務評定規定をみると、「出勤日にきちんと出勤する」ことは「中」の評価の基準に入っている。これから考えれば、出勤日以外に出てきても「下」の評価は得られることになるだろう。だから、とにかく役所に来さえすれば出勤日数はカウントしてもらえたと考えるべきだろう。

考を得るための日数は最大で二〇〇日だから、考を得られないということは年間一六〇日以上休んでいることになる。年間一六〇日以上を病気で休むというのはかなりの重病である。これは「死」と限りなく近いと考えてよいのではないだろうか。つまり、「死」で想定した件数に含まれているとみてよいと思う。

かれこれ考えると、要するによく理由がわからず、出勤日数不足という人がほとんどであったのではないか、と想定される。造講堂所でいうならば、転勤を除く四人中の三人に相当するが、これは削屑の「不考」の面々にもそのまま当てはまる比率ではないだろうか。病気でもない。喪に服しているわけでもない。にも関わらず、考を得るには出勤日数が足らない。役所側からすると正当な理由がなく出勤してこない状況である。これを「サボリ」というかどうかはおくとして、多くの下級官人たちは「出勤できない」のではなく、自らの意思で「出勤しない」という選択をしていたのである。

おそらく、写経所は特に無断欠勤が発生しやすい場所であった。勤務日数が不足すれば出世にも響く。だが、写経所への出勤は、写経生クラスの身分であればそれほど毎日出勤せずとも規定の日数に到達するはずである。また、布施は出来高払いだから、出勤日数とは直接の関係はない。一方、写経事業は納期までに着々と進めなければならないから、写経所としてはおどしたり、なだめたり、とにかく出勤させて働かせなければならなかった。写経所が希望する出勤日数と、写経生たちが希望する出勤日数とには隔たりがあり、それが無断欠勤の最大の理由であろう。

他の役所の場合、写経所とはすこし事情が違う。だが、そこでも欠勤者はいた。出勤日数が不足しては、季禄にもありつけないというのに、なぜ彼らは欠勤したのであろうか。

写経所の場合、出勤さえすれば食事にありつけるし、不食米《ふしょくまい》のおこぼれも手に入る。そんな状況にもかかわらず、出勤しないのはその収入よりも、なにかよい収入が確保できていたからなのではないか。

したたかな生き様

役職にありつけない散位《さんに》たちは、律令の規定では散位寮に出勤すればよいことになっている。だが、散位寮に出勤する人数についても定数を決めて、定数外の散位には「続労《しょくろう》銭《せん》」という銭を支払わせて勤務の代わりとして、考を与えるという制度が、奈良時代中にできたり廃止されたり、を繰り返している。

ちょっと考えると、実に不思議な制度である。きちんとしたポストに就いていないのだから、当然給料はない。定数外だから、散位寮への出勤に伴う収入もないだろう。そして、そうした給与所得のない人物が、銭を納入するのである。当然、生活が逼迫《ひっぱく》すると考えられる。『続日本紀』養老五年（七二一）六月十日条は、続労銭を納めた結果、毎年考を重ねていっても、衣食に窮している者の存在を指摘する。そして続労銭を納めることを一度やめて帰農し、もし豊かになったならばまた続労銭を納めることを認めよう、と命じた。

普通に口分田《くぶんでん》の耕作だけをしていて、再び続労銭を納められるほど豊かになれるのであろうか。もしそうなら日本中金持ちだらけになるだろう。帰農せざるを得ない者が確かにいたと同時に、続労銭を納められるような者も存在したことを、この『続日本紀』の記事は伝えている。そして、出土木簡の続労銭にみえるのは「位子《いし》（＝六位以下の子）」など下級官人層の人々である。下級官人たちの中に、毎年の続労銭を納入できるだけの資力を持つ者がいたわけである。彼らが、役所勤め以外のどこかで、大きな収入を確保していたことを雄弁に物語っているだろう。

そこで思い出されるのが、市周辺の多様な経済活動であり、生駒《いこま》山中の不審人物であり、行基《ぎょうき》の活動範囲であり、各地での流通の状況であり、また下級官人たちの出身地であり、出身地とのつながりである。

下級官人の多くは、畿内周辺地に出身地・本拠地をもつ人々であった。そうした本拠地とのつながりを維持しつつ、京内で活動していたことは、血縁関係に基づくコネクションや、墓地の様相でもすでに見てきた通りである。図々しい連中の中には妻の縁者の葬式を持ち出した者もいたが、そこでも妻の出身地である山背国《やましろ》とのつながりがあった。下級官人たちの、本拠地での活動を見逃すことはできない。

また、生駒山中の不審者のような、畿内地域を中心とした流通との関与も当然想定してよいだろう。さらに畿内地域を飛び出しての活動もあったかもしれない。『日本霊異記』

には楢磐島《ならのいわしま》という遠距離商人が登場するが、かれもおそらく畿内の有力者層であろう。つまり、下級官人たちと同じような人物である。行基の活動が畿内の主要交通路と密接に関わっていることは述べた通りだが、その背後に下級官人を輩出するような畿内の有力者集団がいたことは、当然想定される。

役所や写経所でコツコツはたらくより、地元や流通で稼いだ方が稼ぎが大きい。だからつい欠勤する。ではなぜ、官人になるのか。たとえば八位以上になれば税金は免除である。役箔も付くし、地元でも幅がきく。それに役所に勤めれば官人同士のつながりもできる。役所は一つの共同体であった。貴族などの有力者とのつながりもできる。こうしたネットワークは、彼らの権益の維持・拡大に重要だったろう。

役人としての特権が飛躍的に増大するのは、五位以上であるが、彼ら下級官人はどれだけまじめに勤めてもそこまで出世することはまずない。そうであれば、最低限官人や有位者という身分だけ確保し、他で稼いだ方が賢い。地元でもしトラブルが発生しても、中央政府の役人という肩書があれば、押しも効く。ある程度勤務すれば、人的な広がりも得ることができる。でも、わざわざ役所にまじめに出勤していては、地元での稼ぎに響く。そういえば、流民化した人々が京周辺の有力者にかくまわれることがあったという資料を紹介したが、かくまった側の中には下級官人につながる連中もいたかもしれない。

下級官人たちは、決してひたすら劣悪な境遇で甘んじていたわけではない。むろん、苦しみも、悲しみもあった。しかし、なんとか時代を生き抜くべく、さまざまな模索をしながら、生き抜いていたのである。

新しい時代に向けて——エピローグ

延暦十三年（七九四）、平安京遷都。千年の都の誕生である。これに先立つ延暦十年には、延暦三年の長岡遷都後も維持されていた平城宮の諸施設の最終的な解体や物資の移送が行なわれ、平城宮・京は都城としての歴史に幕を降ろそうとしていた。都大路を闊歩した貴公子たちはもちろん、我らが下級官人たちや全国から集められた人、集まってきた人々の姿も、寧楽の地から、大和盆地から姿を消していった。その後、平城《へいぜい》上皇が一時御所を造営したこともあったが、平城宮の故地は衰退し、田園と化していった。

かわって奈良の中心となったのが、平城京の東張り出し部、東大寺や興福寺が甍《いらか》を並べる地域である。聖武天皇は、平城京を大改造し、東大寺を中心とする仏教の都としての再整備を企てたが（馬場基「平城京の多様性と限界」『年報都市史研究』一三、二〇〇五年）、結果的にまさにその通りになったわけである。巨大な宗教権門の本拠地の南京・南都として繁栄した。

こうした大和盆地に、新しい主人公がぼちぼち現れる。十一世紀のことである。藤原清《きよ》廉《かど》は、大蔵省の丞《じょう》として勤め上げて五位にまで昇る一方、山城・大和・伊賀に広大な領地を所有し、東大寺とも緊密な関係を維持していた。その実力を背景に、国司など屁とも思わぬ猛者であった。代々の大和国司は、彼にいいようにしてやられてきた。そして、今度の大和守・藤原輔公《すけきみ》に対しても、表向きは従順だが腹の底では馬鹿にしきっていた。ところが、輔公はなかなかのやり手であった。清廉が「猫怖《ねこお》ぢの大夫」と呼ばれるほど猫が苦手であるという弱点をついて、指示に従わせたのである（『今昔物語集』本朝世俗部・巻第二十八・大蔵大夫藤原清廉怖猫語第三十一）。

中央と地方との往来の中での実力の備蓄という点ではかつての下級官人に通じるものがある。だが、その経営規模は遙かに大きい。藤原姓を持ち、五位にまで昇ったというから、いわゆる下級官人ではない。寺社との関係の持ち方も、奈良時代の人々とはすこし違う。猫の足音ほどそっとではあるが、確かに、中世の足音が大和にも聞こえてきていた。

寧楽から姿を消した、下級官人たちはその後どうなったのか。

下級官人のポストに多い「分番官」というのは、そもそも畿内の中小豪族が、必要なときに大王の宮に「召」されて、勤務していたものだと考えられている（鬼頭清明『古代木簡の基礎的研究』塙書房、一九九三年）。奈良時代に入っても、地元に居住しながら平城宮に出勤して働く人々がいたことはすでに見たとおりである。そんな彼らは、藤原から平城、さらに山背へと繰り返された遷都や官司機構の充実に伴い二極に分化していく。

一方は、官司機構での勤務とサラリーに生活を依存するようになった人々である。だから、写経生でも、どうも本気で欠勤を気にしているらしい人物もいるし、働きづめに働いている者もいる。彼らは、平安時代初頭に一斉に本貫地を京へと移す。京貫である。

一方、官司機構に依存せず、地元での権益を第一とした人々もいた。それは奈良時代には欠勤官人たちであった。

平安時代の九〜十世紀に、兵衛の身分を獲得して、全く出勤せず地元でその身分をかさにしたい放題の輩が問題になっている（市大樹「九世紀畿内地域の富豪層と院宮王臣家・諸司」『ヒストリア』一六三、一九九八年）。兵衛府にはまったく出勤してこないで、ずっと地元にいる。そして、兵衛の身分に伴う特権を確保し、さらに兵衛府の権威をかさにきて地元の役人のいうことを聞かない。この、平安時代初めの暴れん坊兵衛たちのやり口は、奈良時代の下級官人と、同工異曲ということができよう。

八世紀、下級官人たちは、寧楽の都で、時代と向き合い、格闘し、天平の繁栄を支えた。彼らは、九世紀以降も、それぞれの生き方を切り開きながら、それぞれの歴史を刻み続けていった。新しく、平安京という舞台に立ちながら。

あとがき

人は、どうしても「自分」というものから離れ難い面があるようで、たとえば、ある事実のどのような部分を取り上げるか、という点に、歴史に対する感じ方が反映されている印象を受けることがある。それぞれの研究者の、歴史に対する接し方であり、いわゆる「歴史観」とか「史観」というものに該当するのだろう。

かくいう私は、「お気楽史観」と揶揄《やゆ》されることがある。希望も、楽しみも、一切ないという社会は存続し得ない。人々が生活の再生産さえできない状況に追い込まれたら、その社会は崩壊する。だから、それぞれの時代にはそれぞれの時代なりの楽しみもあったろう。それぞれの時代で、生活の再生産は、可能だったはずだ。

そんな風に考えると、「教科書的」な古代史には不思議な点が多々あった。「運脚《うんきゃく》」は、あたかも都まで荷物を運ぶと国に帰れずに全滅したような印象を受ける叙述が多い。しかし、もしそうならば、農村は働き手を失い早晩崩壊する。だが、奈良時代に農村が崩壊し去ったということはない。

運脚の悲惨さは、その待遇改善を命じる場面で語られている。だから、嘘ではない範囲で、目一杯悲惨に書くに決まっている。かれこれ勘案すると、大抵は帰郷できたものの、かなりの割合で野垂れ死にしてしまったり都で流民化した者もいた、という辺りが実態ではないのだろうか。そして、そこまでにしておけば良かったのに、つい「中には都見物を楽しみにしていた人間もいるのではないか」などと言ったものだから、「お気楽」の烙印を押されてしまった。私も、決してお気楽な人生を歩んできたとは思わないのだが。

さて、平城宮で穴を掘ったり、掘り出した木簡を眺めたりしていると、天平の昔に、確かに生きていた人々がいた、ということがふつふつと感じられる。愚痴っぽい者から、あっけらかんとした「お気楽」な者まで、いろいろな人間がいたはずなのだ。素直に彼らと向き合ったら、どういう声が聞こえるだろうか。どの時代にも、苦労は尽きない。だが、「辛かったねえ」だけでは天平人に申し訳ない気がする。「俺は結構楽しんでたよ」という奴もいるかもしれない。

それに、彼らは、しっかりがんばって、時代を生き抜いたのだ。なぜなら、人々が奈良時代を生き抜いたからこそ平安時代があり、そして現在に至って、我々が今生きているのだから。天平の昔、奈良時代という時代に、平城京という場でどのように「生き抜いた」のか、その一部分をなんとか描けたのではないかと思う。

書籍の性格上、「読みやすさ」を優先して先行研究をしっかり引用していなかったり、史料の引用が不十分だったりする部分が非常に多い。この点、御寛恕賜りたいと思う。決して「お気楽」に済ませたわけではない。

執筆にあたっては、渡辺晃宏史料研究室長をはじめとする奈良文化財研究所の方々からさまざまな助言・助力を頂戴した。この場を借りて御礼申し上げる。また本書の執筆をご提案いただき、わがままな著者を操縦しながら一書にまとめ上げていただいた吉川弘文館の懐の深さにも感謝する次第である。

本書を祐《たす》けとして都の香りを感じ、楽しんでいただけたら、ありがたいことと願って、やまない。

二〇〇九年十月

馬　場　　基

主要参考文献（本書と直接関連する主要な単行本のみ）

青木和夫『奈良の都』中央公論社、一九六五年
井上和人『古代都城制条里制の実証的研究』学生社、二〇〇四年
鐘江宏之『律令国家と万葉人』小学館、二〇〇八年
岸俊男『日本古代文物の研究』塙書房、一九八八年
岸俊男編『日本の古代　9　都城の生態』中央公論社、一九八七年
鬼頭清明『日本古代都市論序説』法政大学出版局、一九七七年
鬼頭清明『木簡の社会史　天平人の日常生活』河出書房新社、一九八四年
鬼頭清明『古代宮都の日々』校倉書房、一九九二年
鬼頭清明『古代木簡と都城の研究』塙書房、二〇〇〇年
栄原永遠男『天平の時代』集英社、一九九一年
佐藤信『日本古代の宮都と木簡』吉川弘文館、一九九七年
舘野和己『古代都市平城京の世界』山川出版社、二〇〇一年
寺崎保広『古代日本の都城と木簡』吉川弘文館、二〇〇六年
坪井清足監修『よみがえる平城京　天平の生活白書』日本放送協会、一九八〇年
東野治之『木簡が語る日本の古代』岩波書店、一九八三年

東野治之『日本古代木簡の研究』塙書房、一九八三年
中村順昭『律令官人制と地域社会』吉川弘文館、二〇〇八年
廣野卓『食の万葉集　古代の食生活を科学する』中央公論社、一九九八年
渡辺晃宏『平城京と木簡の世紀』講談社、二〇〇一年
『古代都市の構造と展開』奈良国立文化財研究所、一九九八年

発掘調査報告

『平城京左京九条三坊十坪発掘調査報告』奈良国立文化財研究所、一九八六年
『平城京左京三条一坊七坪発掘調査報告』奈良国立文化財研究所、一九九三年
『平城京左京三条一坊一四坪発掘調査報告』奈良国立文化財研究所、一九九五年
『平城京左京二条二坊・三条二坊発掘調査報告』奈良国立文化財研究所、一九九五年
『平城京左京七条一坊十五・十六坪発掘調査報告』奈良国立文化財研究所、一九九七年

※　なお、本書は各科学研究費補助金（若手（B）「木簡の構文・文字表記パターンの解析・抽出研究」研究代表者：馬場基、同基盤（S）「推論機能を有する木簡など出土文字資料の文字自動認識システムの開発」研究代表者：渡辺晃宏、同基盤（S）「木簡など出土文字資料釈読支援システムの高次化と綜合的研究拠点データベースの構築」研究代表者：渡辺晃宏、等）の成果を含む。

著者紹介
一九七二年、東京都に生まれる
一九九五年、東京大学文学部卒業
二〇〇〇年、東京大学大学院博士課程中退
現在、奈良文化財研究所都城発掘調査部平城
　地区史料研究室長
主要著書・論文
「駅と伝と伝馬の構造」(『史学雑誌』一〇五―三、一九九六年)
「「都市」平城京の多様性と限界」(『年報都市史研究』一三、二〇〇五年)
「上咋麻呂状と奈良時代の官人社会」(『奈良史学』二三、二〇〇五年)
『日本古代木簡論』(吉川弘文館、二〇一八年)

歴史文化ライブラリー
288

平城京に暮らす
天平びとの泣き笑い
二〇一〇年(平成二十二)二月一日　第一刷発行
二〇二二年(令和　四　)三月二十日　第五刷発行
著　者　馬《ば》場《ば》　基《はじめ》
発行者　吉川道郎
発行所　株式会社吉川弘文館
東京都文京区本郷七丁目二番八号
郵便番号一一三―〇〇三三
電話〇三―三八一三―九一五一〈代表〉
振替口座〇〇一〇〇―五―二四四
http://www.yoshikawa-k.co.jp/
印刷＝株式会社 平文社
製本＝ナショナル製本協同組合
装幀＝清水良洋・星野槙子

© Hajime Baba 2010. Printed in Japan
ISBN978-4-642-05688-5

JCOPY 〈出版者著作権管理機構 委託出版物〉
本書の無断複写は著作権法上での例外を除き禁じられています．複写される場合は，そのつど事前に，出版者著作権管理機構（電話 03-5244-5088，FAX 03-5244-5089，e-mail:info@jcopy.or.jp）の許諾を得てください．

歴史文化ライブラリー
1996.10

刊行のことば

現今の日本および国際社会は、さまざまな面で大変動の時代を迎えておりますが、近づきつつある二十一世紀は人類史の到達点として、物質的な繁栄のみならず文化や自然・社会環境を謳歌できる平和な社会でなければなりません。しかしながら高度成長・技術革新にともなう急激な変貌は「自己本位な刹那主義」の風潮を生みだし、先人が築いてきた歴史や文化に学ぶ余裕もなく、いまだ明るい人類の将来が展望できていないようにも見えます。このような状況を踏まえ、よりよい二十一世紀社会を築くために、人類誕生から現在に至る「人類の遺産・教訓」としてのあらゆる分野の歴史と文化を「歴史文化ライブラリー」として刊行することといたしました。

小社は、安政四年(一八五七)の創業以来、一貫して歴史学を中心とした専門出版社として書籍を刊行しつづけてまいりました。その経験を生かし、学問成果にもとづいた本叢書を刊行し社会的要請に応えて行きたいと考えております。

現代は、マスメディアが発達した高度情報化社会といわれますが、私どもはあくまでも活字を主体とした出版こそ、ものの本質を考える基礎と信じ、本叢書をとおして社会に訴えてまいりたいと思います。これから生まれでる一冊一冊が、それぞれの読者を知的冒険の旅へと誘い、希望に満ちた人類の未来を構築する糧となれば幸いです。

吉川弘文館

歴史文化ライブラリー

古代史

平安貴族の住まい 寝殿造から読み直す日本住宅史―藤田勝也
平安京のニオイ―安田政彦
平安京の災害史 都市の危機と再生―北村優季
平安京はいらなかった 古代の夢を喰らう中世―桃崎有一郎
天神様の正体 菅原道真の生涯―森　公章
平将門の乱を読み解く―木村茂光
安倍晴明 陰陽師たちの平安時代―繁田信一
平安時代の死刑 なぜ避けられたのか―戸川　点
古代の神社と神職 神をまつる人びと―加瀬直弥
古代の食生活 食べる・働く・暮らす―吉野秋二
大地の古代史 土地の生命力を信じた人びと―三谷芳幸
時間の古代史 霊鬼の夜、秩序の昼―三宅和朗

中世史

列島を翔ける平安武士 九州・京都・東国―野口　実
源氏と坂東武士―野口　実
敗者たちの中世争乱 年号から読み解く―関　幸彦
平氏が語る源平争乱―永井　晋
熊谷直実 中世武士の生き方―高橋　修
中世武士 畠山重忠 秩父平氏の嫡流―清水　亮
頼朝と街道 鎌倉政権の東国支配―木村茂光
六波羅探題 京を治めた北条一門―森　幸夫
大道 鎌倉時代の幹線道路―岡　陽一郎
仏都鎌倉の一五〇年―今井雅晴
鎌倉北条氏の興亡―奥富敬之
鎌倉幕府はなぜ滅びたのか―永井　晋
三浦一族の中世―高橋秀樹
伊達一族の中世「独眼龍」以前―伊藤喜良
弓矢と刀剣 中世合戦の実像―近藤好和
その後の東国武士団 源平合戦以後―関　幸彦
荒ぶるスサノヲ、七変化〈中世神話〉の世界―斎藤英喜
曽我物語の史実と虚構―坂井孝一
鎌倉浄土教の先駆者 法然―中井真孝
親　鸞―平松令三
親鸞と歎異抄―今井雅晴
畜生・餓鬼・地獄の中世仏教史 因果応報と悪道―生駒哲郎
神や仏に出会う時 中世びとの信仰と絆―大喜直彦
神仏と中世人 宗教をめぐるホンネとタテマエ―衣川　仁
神風の武士像 蒙古合戦の真実―関　幸彦

歴史文化ライブラリー

歴史文化ライブラリー

大元帥と皇族軍人 大正・昭和編――小田部雄次
昭和陸軍と政治 「統帥権」というジレンマ――高杉洋平
海軍将校たちの太平洋戦争――手嶋泰伸
松岡洋右と日米開戦 大衆政治家の功と罪――服部 聡
稲の大東亜共栄圏 帝国日本の〈緑の革命〉――藤原辰史
地図から消えた島々 幻の日本領と南洋探検家たち――長谷川亮一
自由主義は戦争を止められるのか 芦田均・清沢洌・石橋湛山――上田美和
軍用機の誕生 日本軍の航空戦略と技術開発――水沢 光
首都防空網と〈空都〉多摩――鈴木芳行
帝都防衛 戦争・災害・テロ――土田宏成
陸軍登戸研究所と謀略戦 科学者たちの戦争――渡辺賢二
帝国日本の技術者たち――沢井 実
強制された健康 日本ファシズム下の生命と身体――藤野 豊
戦争とハンセン病――藤野 豊
「自由の国」の報道統制 大戦下の日系ジャーナリズム――水野剛也
海外戦没者の戦後史 遺骨帰還と慰霊――浜井和史
学徒出陣 戦争と青春――蜷川壽惠
特攻隊の〈故郷〉 霞ヶ浦・筑波山・北浦・鹿島灘――伊藤純郎
沖縄戦 強制された「集団自決」――林 博史
陸軍中野学校と沖縄戦 知られざる少年兵「護郷隊」――川満 彰
沖縄戦の子どもたち――川満 彰
沖縄からの本土爆撃 米軍出撃基地の誕生――林 博史
原爆ドーム 物産陳列館から広島平和記念碑へ――頴原澄子
米軍基地の歴史 世界ネットワークの形成と展開――林 博史
沖縄米軍基地全史――野添文彬
考証 東京裁判 戦争と戦後を読み解く――宇田川幸大
昭和天皇退位論のゆくえ――冨永 望
ふたつの憲法と日本人 戦前・戦後の憲法観――川口暁弘
戦後文学のみた〈高度成長〉――伊藤正直
首都改造 東京の再開発と都市政治――源川真希
鯨を生きる 鯨人の個人史・鯨食の同時代史――赤嶺 淳

文化史・誌

落書きに歴史をよむ――三上喜孝
山寺立石寺 霊場の歴史と信仰――山口博之
跋扈《ばっこ》する怨霊 祟りと鎮魂の日本史――山田雄司
神になった武士 平将門から西郷隆盛まで――高野信治
将門伝説の歴史――樋口州男
空海の文字とことば――岸田知子

歴史文化ライブラリー

民俗学・人類学

歴史文化ライブラリー

柳田国男 その生涯と思想――川田 稔

世界史

神々と人間のエジプト神話 魔法・冒険・復讐の物語――大城道則
中国古代の貨幣 お金をめぐる人びとと暮らし――柿沼陽平
渤海国とは何か――古畑 徹
古代の琉球弧と東アジア――山里純一
アジアのなかの琉球王国――高良倉吉
琉球国の滅亡とハワイ移民――鳥越皓之
イングランド王国前史 アングロサクソン七王国物語――桜井俊彰
フランスの中世社会 王と貴族たちの軌跡――渡辺節夫
ヒトラーのニュルンベルク 第三帝国の光と闇――芝 健介
人権の思想史――浜林正夫

考古学

タネをまく縄文人 最新科学が覆す農耕の起源――小畑弘己
イヌと縄文人 狩猟の相棒、神へのイケニエ――小宮 孟
老人と子供の考古学――山田康弘
顔の考古学 異形の精神史――設楽博己
〈新〉弥生時代 五〇〇年早かった水田稲作――藤尾慎一郎
文明に抗した弥生の人びと――寺前直人
樹木と暮らす古代人 木製品が語る弥生・古墳時代――樋上 昇
アクセサリーの考古学 倭と古代朝鮮の交渉史――高田貫太
古 墳――土生田純之
東国から読み解く古墳時代――若狭 徹
埋葬からみた古墳時代 女性・親族・王権――清家 章
神と死者の考古学 古代のまつりと信仰――笹生 衛
土木技術の古代史――青木 敬
国分寺の誕生 古代日本の国家プロジェクト――須田 勉
東大寺の考古学 よみがえる天平の大伽藍――鶴見泰寿
海底に眠る蒙古襲来 水中考古学の挑戦――池田榮史
銭の考古学――鈴木公雄
中世かわらけ物語 もっとも身近な日用品の考古学――中井淳史
ものがたる近世琉球 喫煙・園芸・豚飼育の考古学――石井龍太

各冊一七〇〇円～二一〇〇円(いずれも税別)
▽残部僅少の書目も掲載してあります。品切の節はご容赦下さい。
▽品切書目の一部について、オンデマンド版の販売も開始しました。
詳しくは出版図書目録、または小社ホームページをご覧下さい。